掌尚文化

SALUTE & DISCOVERY

致敬与发现

本书得到云南财经大学博士学术基金全额资助出版

# 创新驱动背景下
# 科技型中小企业财务风险
# 识别与评价研究

Research on the Identification and Evaluation of
Financial Risks of ST SMEs under the
Innovation-Driven Background

| 张 晶 著 |

经济管理出版社
ECONOMY & MANAGEMENT PUBLISHING HOUSE

图书在版编目（CIP）数据

创新驱动背景下科技型中小企业财务风险识别与评价研究/张晶著 .—北京：经济管理出版社，2020.8
ISBN 978-7-5096-7373-7

Ⅰ.①创… Ⅱ.①张… Ⅲ.①高技术企业—中小企业—财务风险—风险管理—研究—中国 Ⅳ.①F279.244.4

中国版本图书馆 CIP 数据核字（2020）第 152953 号

组稿编辑：宋　娜
责任编辑：张　昕　王虹茜
责任印制：黄章平
责任校对：王淑卿

出版发行：经济管理出版社
　　　　　（北京市海淀区北蜂窝 8 号中雅大厦 A 座 11 层　100038）
网　　　址：www. E-mp. com. cn
电　　　话：(010) 51915602
印　　　刷：唐山昊达印刷有限公司
经　　　销：新华书店
开　　　本：720mm×1000mm/16
印　　　张：12.25
字　　　数：205 千字
版　　　次：2020 年 8 月第 1 版　　2020 年 8 月第 1 次印刷
书　　　号：ISBN 978-7-5096-7373-7
定　　　价：98.00 元

# 前　言

　　创新驱动发展战略的提出为中国下一阶段经济转型发展指明了前进的方向。作为经济发展方式的新动力，以创新驱动作为发展战略是现阶段我国发展社会生产力与国民经济的重要原则性战略，我国应在各个方面努力贯彻实施这一伟大战略，以创新推动社会生产力与国民经济发展，力求在2020年构建创新型的社会主义现代化国家。对于发展我国的国民经济而言，创新的关键要素在于培育具有创新能力的主体，培养我国的企业形成自主的创新机制，因而怎样发展企业的科技创新能力，大力促进创新型、科技型企业在发展国民经济中应当起到的重要作用，就成为我国现阶段社会主义建设工作的关键性问题。因此，科技型中小企业的发展建设是创新驱动发展战略实施的关键，也是重要的载体，该类型企业同时肩负着实现创新型国家建设的重任。然而在创新驱动的背景下，科技型中小企业面临着各类风险，它们类型众多且无处不在。因而，科技型中小企业有必要对风险尤其是财务风险进行管理和控制，因为财务风险不仅客观存在，而且是所有风险中最关键的。然而，目前我国众多企业对财务风险的识别和管理能力仍然比较薄弱，在多数情况下，风险管理完全取决于企业经营者的个人经验、直觉和智慧，这就导致我国大多数科技型中小企业因财务风险而遭受巨额损失。因此，在创新驱动发展战略背景下，我国科技型中小企业财务风险管理亟须前瞻性理论提供指导和参考。

　　本书前三章对以往的文献进行了梳理，从科技型中小企业的概念、特征、成长及培育，创新驱动的内涵、本质和创新驱动机制，以及财务风险识别和评价方法等几个方面找到以往研究的空白进而展开全面论述。接下来，笔者根据2017年的《科技型中小企业评价办法》界定了科技型中小企业，同时对创新驱动发展战略及本质、财务风险等概念做了进一步的界定，并且论述了在创新驱动背景下研究科技型中小企业的必要性和可行性，以及科技型中小企业财务风险管理和基于生命周期理论研究企业财务风险的重要性。基于前三章的理论研究，本书第四、第五章重点分析了创新驱动背景下科技型中小企业财务风险的类型，并创新性地用结构方程模型筛选出五大类 17 个财务指标，分析在企业生命周期四个阶段中科技型中小企业财务风险的具体表现。同时，笔者基于科技型中小企业财务风险的识别与评价理论，以全国上市的科技型中小企业为基础，结合我国部分科技型中小型企业实践进行实证分析。选取的企业主要有大晟文化、天润数娱、盈方微、集智股份、民德电子、南华仪器、迅游科技和会畅通讯。这里需要指出的是，八家样本企业在三年的报表附录中均不同程度地体现出积极响应国家创新驱动发展战略的号召。本书基于八家科技型中小企业的利润表、资产负债表、现金流量表及财务报表附录、声明等财务和非财务信息，选择以上提出的可分为五大类的 17 个财务指标，包括营运能力评价指标、盈利能力评价指标、偿债能力评价指标、成长能力评价指标及现金能力评价指标，对创新驱动背景下科技型中小企业的财务风险进行识别和评价；并选取其中三家具有代表性的企业做进一步案例分析。基于风险分析、识别、度量、评价和案例分析，本书从种子期和初创期、成长期、成熟期及衰退期四个方面给出创新驱动背景下科技型中小企业财务风险的应对措施，并得出以下结论：

（1）创新驱动背景下科技型中小企业的财务风险与非创新驱动背景下科技型中小企业的财务风险之间存在本质区别。其一，从创新驱动视角研究科技型中小企业发展具有必然性；其二，创新驱动具有普适性，从创新驱动视角研究科技型中小企业发展具有可行性，而且创新驱动发展战略比较适合科技型中小企业的规模和特点。由于科技型中小企业具有高创新、高风险和高成长的特点，该类型企业与其他企业相比表现出突出的创新性。尤其是在创新驱动背景下，高创新又呈现出高投入和高收益等特征，它对于资金的需求经常呈现几何级数增长，资金需求持续性强、频率高，这就造成科技型中小企业更易受到财务风险的威胁。所以，在创新驱动发展战略背景下，科技型中小企业作为重要载体必然会加大技术创新投资力度，同时伴随产品创新、服务创新，以及制度创新这样的非技术创新投入。因此，科技型中小企业在创新驱动背景下的流动性风险、投资风险、筹资风险等尤为显著。

（2）适时地响应创新驱动发展战略可以有效地降低财务风险。借助国家创新驱动发展战略的平台，部分科技型中小企业选择转型发展，如本书根据科技型中小企业定义选取的八家样本公司中的大晟文化。由于创新驱动背景下文化创意产业步入了跨越式发展的新阶段，作为国家的战略性产业，文化产业是构建现代产业体系的核心环节，也是推动我国加快转变经济增长的重要方式。在国家政策的引导和支持下，该公司紧抓我国影视文化产业升级面临的良好发展机遇，实施产业链战略布局，成功改善公司的财务困境，实现利润由负到正的增长，从根本上降低了企业的财务风险。所以，适时地响应创新驱动发展战略可以有效降低财务风险。

（3）科技型中小企业发展的路径符合企业生命周期理论，是一个从初创、成长到逐渐衰退的发展过程，但由于科技型中小企业科技含量较高、创新能力较强，兼具高风险和高收益等特点，它们在生命周期不同阶段的表现和其他企业不同。在企业生命周期的不同阶段，经营活动、投资活动和筹资活动对现金流的影响存在较大差异，所以四个阶段的财务风险各不相同。本书对各个阶段的财务风险进行了深入研究并选取八家符合科技型中小企业定义且积极响应国家创新驱动发展战略的样本公司进行实证研究和案例分析，系统、动态地找出各个阶段的财务风险并给出应对策略。

# 目　录

第一章　绪　论 ……………………………………………… 1

　第一节　研究背景和意义 …………………………………… 1

　　一、研究背景 …………………………………………… 2

　　二、研究意义 …………………………………………… 5

　第二节　研究方法、内容与创新点 ………………………… 6

　　一、研究方法 …………………………………………… 6

　　二、研究思路 …………………………………………… 8

　　三、研究内容 …………………………………………… 9

　　四、研究的创新点 ……………………………………… 12

第二章　文献综述 …………………………………………… 14

　第一节　科技型中小企业研究述评 ………………………… 14

　　一、科技型中小企业的概念和特征 …………………… 14

　　二、科技型中小企业的成长 …………………………… 15

　　三、科技型中小企业的培育 …………………………… 16

　第二节　创新驱动研究述评 ………………………………… 17

　　一、创新驱动的内涵 …………………………………… 17

　　二、创新驱动机制 ……………………………………… 19

　第三节　财务风险的研究评述 ……………………………… 20

　　一、财务风险的概念 …………………………………… 20

　　二、财务风险识别 ……………………………………… 21

　　三、财务风险评价 ……………………………………… 22

　　四、财务风险预测模型 ………………………………… 22

　第四节　企业生命周期的研究述评 ………………………… 23

　　一、企业生命周期理论的定义 ·············································· 24
　　二、企业生命周期理论的发展 ·············································· 24
　小　结 ················································································· 26

**第三章　理论框架构建** ······················································ 28

　第一节　科技型中小企业的相关理论 ····································· 28
　　一、科技型中小企业概念的界定 ········································· 28
　　二、我国科技型中小企业的发展情况 ··································· 32
　　三、我国科技型中小企业发展的本质 ··································· 35
　第二节　创新驱动的相关理论 ·············································· 37
　　一、创新的概念 ····························································· 38
　　二、创新驱动发展战略 ···················································· 38
　　三、创新驱动发展的本质内容 ··········································· 39
　第三节　财务风险的相关理论 ·············································· 40
　　一、财务风险的定义和特征 ·············································· 40
　　二、财务风险与会计要素的关系 ········································· 41
　　三、财务风险的成因 ······················································ 42
　第四节　企业生命周期的相关理论 ········································ 44
　　一、产品/行业生命周期 ·················································· 44
　　二、需求生命周期 ························································· 44
　第五节　创新驱动背景下科技型中小企业财务风险的理论框架 ····· 45
　　一、从创新驱动视角研究科技型中小企业发展的
　　　　必要性和可行性 ···················································· 45
　　二、科技型中小企业财务风险管理的重要性 ························ 47
　　三、基于生命周期理论研究企业财务风险的重要性 ··············· 47
　小　结 ················································································· 48

**第四章　科技型中小企业财务风险分析及样本公司信息采集** ··· 50

　第一节　科技型中小企业财务风险成因分析及风险类别 ············ 50
　　一、外部成因 ······························································· 50
　　二、内部成因 ······························································· 51
　　三、主要风险类别 ························································· 53

第二节 科技型中小企业生命周期各阶段财务风险 ·········· 56

一、种子期和初创期 ······························· 56

二、成长期 ····································· 57

三、成熟期 ····································· 58

四、衰退期 ····································· 58

第三节 样本公司概况 ····························· 59

一、样本选择 ··································· 59

二、样本企业基本情况比较 ························· 59

小 结 ······································· 64

第五章 创新驱动背景下科技型中小企业财务风险识别 ·········· 65

第一节 财务风险的识别方法与改进 ···················· 65

一、企业财务风险的主要识别方法 ···················· 65

二、企业财务风险识别方法的改进 ···················· 66

第二节 指标筛选与财务风险识别 ····················· 66

一、指标选择与展示 ····························· 66

二、样本企业创新驱动背景下财务风险识别 ·············· 77

三、样本企业创新驱动背景下主要财务风险汇总 ··········· 91

小 结 ······································· 93

第六章 创新驱动背景下科技型中小企业财务风险评价 ········· 94

第一节 财务风险评价方法设计 ······················ 94

一、聚类分析法 ································· 94

二、主成分分析法 ······························· 94

三、单因素方差分析法 ··························· 95

四、杜邦分析法 ································· 95

五、Logistic 预警 ······························· 95

第二节 财务风险评价 ···························· 97

一、样本企业的选取及指标说明 ····················· 97

二、财务风险等级评价 ··························· 98

三、财务风险会计要素评价 ························· 100

四、财务风险等级与指标评价 ······················ 108

　　　五、财务指标关系评价 ················································ 111
　　　六、财务状况评价 ···················································· 117
　　小　结 ······································································ 120

**第七章　案例分析** ···························································· 121
　　第一节　大晟文化财务风险个体评价 ································ 121
　　　一、公司财务整体评价 ············································ 121
　　　二、公司财务风险因素 ············································ 122
　　　三、公司财务风险 ·················································· 124
　　第二节　迅游科技财务风险个体评价 ································ 130
　　　一、公司财务整体评价 ············································ 130
　　　二、公司财务风险因素 ············································ 130
　　　三、公司财务风险 ·················································· 133
　　第三节　盈方微财务风险个体评价 ··································· 138
　　　一、公司财务整体评价 ············································ 138
　　　二、公司财务风险因素 ············································ 139
　　　三、公司财务风险 ·················································· 140
　　小　结 ······································································ 146

**第八章　创新驱动背景下科技型中小企业财务风险应对** ········· 147
　　第一节　财务风险基本应对措施 ······································ 147
　　　一、财务风险规避 ·················································· 147
　　　二、财务风险预防 ·················································· 148
　　　三、财务风险分散 ·················································· 148
　　　四、财务风险转移 ·················································· 149
　　　五、财务风险自留 ·················································· 150
　　第二节　科技型中小企业财务风险应对策略 ······················ 150
　　　一、种子期和初创期财务风险应对 ······························· 151
　　　二、成长期财务风险应对 ·········································· 156
　　　三、成熟期财务风险应对 ·········································· 161
　　　四、衰退期财务风险应对 ·········································· 162
　　小　结 ······································································ 164

第九章　结论与展望 ………………………………………… 165

参考文献 …………………………………………………… 168

附　录 ……………………………………………………… 179

# 第一章  绪  论

当今时代飞速发展，创新是决定生产力发展的核心要素，针对现阶段我国国民经济发展与社会主义现代化建设开展的原则与方向，党中央明确指出，我国要坚定不移地走具有中国特色的社会主义道路，努力创新，进一步深化改革开放战略，继续推进我国社会主义现代化建设的步伐，以科学文明发展观指导我国的国民经济发展，努力实现中华民族伟大复兴的发展规划。习近平同志提出，以创新驱动作为发展战略，是现阶段我国发展社会生产力与国民经济的重要原则性战略，我国应在各个方面努力贯彻实施这一伟大战略，以创新推动社会生产力与国民经济发展，力求在2020年构建创新型的社会主义现代化国家。对于发展我国的国民经济而言，创新的关键要素在于培育具有创新能力的主体，培养我国的企业形成自主的创新机制，因而怎样发展企业的科技创新能力，大力促进创新型、科技型企业在发展国民经济中应当起到的重要作用，就成为我国现阶段社会主义建设工作的关键性问题。针对这一论题，本书结合科技型中小企业发展面临的财务风险识别与评价问题展开研究，就发展我国的科技型中小企业，实现我国创新驱动发展战略展开分析，以期为我国社会主义现代化战略规划的贯彻落实做出理论和实践方面的贡献。

## 第一节  研究背景和意义

"创新驱动"是现阶段我国发展社会主义现代化建设的核心动力，同时也是我国未来经济发展转型的重要指导方向。而在众多的以创新为驱动、发展战略为指导的企业当中，科技型中小企业怎样努力以创新求发展，解决企业贯彻落实国家倡导的创新规划，就成为企业发展不得不深入思考与面对的重要问题。然而在创新驱动的背景下，科技型中小企业面临着各类风险，它们类型众多且无处不在。因而，科技型中小企业有必要对企业在贯彻落实创新驱动发展战略中遭遇的各类风险问题展开分析与研究，特别针对财务风险实施管控，对企业而言尤为重要。但是，现阶段我国大量的科技型中小企业在财务风险管理方面不同程度地存在风险防控意识差、管理能力不足、应对企业中存在或面临的财务风险缺乏识别能力与防控管理能力等问题，以上这些问题的存在，是影响我国科技型中小企业生存发展稳定性与安全性，导致企业面临着严峻的财务风险挑战的关键因素。事实上，我国部分科技型中小企业实现了长达 10 年以上的持续发展和创新，但是由于缺乏有效的风险控制机制，不断出现财务风险，造成企业难以估量的损失。一旦财务风险无法识别、度量和控制，就会给企业带来巨额损失，甚至出现科技型中小企业破产或灭亡的严重教训。因此，最终选择了"创新驱动背景下科技型中小企业财务风险识别与评价研究"作为本书题目展开研究，希望能通过本书的研究，为我国科技型中小企业识别与评价财务风险，构建完善的企业风险防控体系提供理论和实践方面的参考。

## 一、研究背景

研究背景主要分为现实来源和理论来源两部分。

1. 现实来源

习近平总书记在 2016 年重要讲话中提出，对于现代社会而言，科技是推动社会生产力发展的核心要素，从世界经济发展的整体情况观察，以创新驱动经济发展是世界范围内经济发展的核心驱动力量，而我国要在未来实现国民经济的发展，让我国社会主义现代化建设获得进一步的推进，就必须要在经济发展上重视创新，以创新作为驱动经济发展的核心战略，力争未来二十年内在我国构建形成创新型的经济发展格局，使得科技创新成为推动我国现在与未来经济发展的关键要素。而要贯彻实施这一战略，科技型中小企业作为重要载体是其中最为活跃的一类群体。实践表明，推动国民经济发展的力量正在由国有大中型企业转向中小型企业，可以预见，未来的一段时期内，中小型企业在我国经济构成中的占比会进一步提升，其对于发展我国国民经济所起到的作用也会越来越大，尤其对于在创新发展方面影响力较大的不具规模的科技型中小企业，对于我国技术进步所做出的贡献会越来越突出。所以，科技型中小企业的发展对于我国国民经济发展而言十分重要，而研究科技型中小企业的发展问题是推进实施我国国民经济发展战略中十分关键的一环。基于科技型中小企业建设的重要意义，李颖灏和彭星闾（2007）①、张保胜（2008）②、曹兴、陈琦和郭然（2010）③等精练地指出创新能力是影响科技型中小企业实力与发展能力的重要影响因素，Graham Beaver（2001）④ 把科技型中小企业的性质定义为在技术领域具有创新能力，在市场开拓上具有开拓敏感度的技术开发与产品生产或服务型的企业。通过研究现阶段我国的科技型企业现状能够看出，尽管技术创新已经成为我国众多企业的普遍做法（马驰等，1997）⑤，但是我国现阶段很多科技型中小企业在风险管理方面依然表现出一定的弱势，特别是在财务风险防控方面，缺乏有效的风险识别与管理控制措施，在机制建设上也不够健全。而此类企业大多数在技术创新与市场开拓方面具有较大活力与动力，而由于风控管理不到位，使得很多绩优型企业因面临一些财务风险问题而陷入经营的困境，造成企业发展严重受阻，甚至因小的细节管理不到位而造成企业重大的决策失误而面临破产的命运。仅存在为数不多的科技型中小企业，由于企业内部拥有完善的财务系统，可以有效地进行财务风险识别与管理，从而克服困难，保障企业经营发展的稳定性。随着经济全球化进程的不断加快，科技型中小企业成为推动世界科技与经济发展的主要动力，但是随着市场竞争日趋激烈，科技型中小企业发展仍面临着巨大的财务风险，经常陷入财务危机中，迫切需要建立有效的财务风险识别与评价体系。依据相关文献资料，科技型中小企业财务风险主要来自技术创新、筹资活动和企业扩张等，尤其在创新驱动背景下。然而，目前我国众多中小企业对财务风险方面缺乏良好的管理意识，风险识别防控能力差，经常在面临财务风险时采取非理性的投机式的风险管理措施，导致企业面临严重的隐患与危机。所以，针对目前科技型中小企业在财务风险管理上

---

① 李颖灏，彭星闾. 基于创新力与控制力动态均衡的企业持续成长路径分析［J］. 科研管理，2007（4）：67-72.

② 张保胜. 科技型企业成长特征的个案分析［J］. 中国科技论坛，2008（7）：59-63.

③ 曹兴，陈琦，郭然. 高技术企业成长模式重构及实现方式［J］. 管理学报，2010（4）：570-576.

④ Graham Beaver. Innovation，high technology and the new enterprise［J］. Strategic Change，2001，10（8）：421-426.

⑤ 马驰，徐永昌，张晶，高昌林. 国内技术创新调查述评［J］. 中国软科学，1997（3）：41-44.

显露的突出问题，企业在财务风险管理方面亟须前瞻性的指导和参考。

2. 理论来源

近年来，理论界对风险管理方面的研究已经有较多积累，对于风险识别技术和方法、评价方法和模型、实施及应对有了一定的研究，但是当前主要的研究仍然停留在静态的分析或定性研究阶段，缺乏对风险管理进行动态性、层次性、系统性的研究。另外，由于财务风险的构成类型、特征、演变规律及其作用机理比其他风险更为复杂，国内外关于财务风险管理的研究文献较少，尤其缺乏对财务风险进行动态的和有层次的系统研究的文献。由于没有财务风险管理理论作为指导和参考，科技型中小企业很难对财务风险进行管理和控制，企业由此遭受重大损失，从而影响科技型中小企业的发展。在创新驱动背景下科技型中小企业财务风险管理中，识别和评价作为财务风险管理工作中非常关键的一环，其对于企业财务风险管理具有非常重要的意义，可以说一个企业的财务风险管理工作质量对于企业发展的影响是决定性的。另外，企业对财务风险的识别与评价属于一个综合性的系统工作，其中涵盖了风险分析、识别、评价及应对等不同环节的工作，因而提高企业财务风险管理能力，对于提升科技型中小企业财务风险识别和评价水平，更好地规避风险起着至关重要的作用。基于科技型中小企业财务风险识别和评价的重要意义，有必要对该类型企业的财务风险管理问题进行深入的探讨与研究。因而本书以当前我国经济发展提出的创新驱动发展战略为背景，以创新型国家建设为目标，以全国上市并积极响应创新驱动发展战略的科技型中小企业为基础，结合我国部分科技型企业的实践，运用创新管理理论、风险管理理论、财务管理理论及系统工程理论，深入分析、识别并评价我国科技型中小企业财务风险，从而实现在创新驱动背景下提升科技型中小企业财务风险管理能力和水平的目的。本书的研究为我国科技型中小企业，在创新驱动背景下如何更好地对风险尤其是对财务风险的发现与识别、防控与管理等问题提供帮助。此外，本书吸取学术领域具有代表性的理论观点，结合大量的实践资料进行企业财务风险识别与评价研究，并希望可以通过本书的研究，为我国科技型中小企业更好地管理财务风险，更好地为国民经济发展提供科技创新方面的推动力，为我国经济领域创新战略的稳步实施与贯彻作出理论建设方面的有益推动。

此外，本书具有如下三个方面的理论价值：第一，本书深入研究科技型企业在创新驱动背景下的建设问题，这对于进一步深化和发展创新管理理论，丰富和完善创新理论具有一定的理论价值；第二，本书深入研究创新驱动背景下科技型中小企业财务风险识别与评价问题，这对于进一步深化和完善风险管理理论，初步建立科技型中小企业财务风险管理理论框架，具有一定的理论价值；第三，从企业生命周期、会计要素和财务指标等方面分析企业财务风险识别和评价的影响要素，从而设计科技型中小企业财务风险应对策略，这对于进一步拓展决策理论，丰富和完善决策科学理论具有重要的理论价值。

## 二、研究意义

研究意义主要分为现实意义和理论意义两部分。

1. 现实意义

创新驱动背景下的科技型中小企业财务风险的研究，具有以下现实意义：科技型中小企业发展面临着各类风险，它们类型众多且无处不在，尤其是普遍存在的财务风险。因而，科技型中小企业有必要对风险尤其是企业经营管理中需要面对的财务风险问题展开研究，进行有关管理问题的探讨与管理体制的建设。但是现阶段很多科技型中小企业在风险管理方面依然表现出一定的弱势，特别在财务风险防控方面，缺乏有效的风险识别与管理控制措施，在机制建设上也不够健全。而此类企业大多数在技术创新与市场开拓方面具有较大活力与动力，而由于风控管理不到位，使得很多绩优型企业因面临一些财务风险问题而陷入经营困境，造成企业发展严重受阻甚至因小的细节管理不到位而造成企业重大的决策失误，面临破产的命运。这就造成我国很多以科技创新型为主导的中小企业在经营发展方面面临严峻的财务风险的挑战。事实上，我国部分科技型企业由于缺乏有效的风险控制机制，从而造成企业难以估量的损失。所以，针对目前科技型中小企业在财务风险管理上显露的突出问题，结合企业的管理制度建设问题展开研究，提出企业财务风险识别与评价的科学方案，对发展我国的科技型中小企业，实现我国创新战略规划的实施具有重要的现实意义。

2. 理论意义

从全球范围来看，创新驱动是大势所趋。从世界经济发展的整体情况观察，以创新驱动发展经济是世界范围内经济发展的核心驱动力量，而我国要在未来实现国民经济的发展，让我国社会主义现代化建设获得进一步的推进，就必须要注意在经济发展上重视创新，以创新作为驱动经济发展的核心战略，在创新发展方面影响力较大的科技型中小企业是最活跃的创新群体。实践表明，不具规模优势的科技型中小企业开始逐渐成为推动各国经济发展的力量重心，而不再是以前具有垄断优势的大型企业。所以，针对科技型中小企业进行有意识的培育，研究此类企业目前面临的经营管理问题，为企业发展铺平道路，是从微观层面贯彻实施我国创新驱动发展战略的关键环节，是我国实现创新型国家发展计划的重要任务。

# 第二节　研究方法、内容与创新点

## 一、研究方法

1. 基于结构方程模型筛选指标

结构方程模型是同时结合因子分析和路径分析，最终构成一般性模型的方法。基于结构方程模型，本书首先提出假设，并构建模型，通过分析，共总结出 20 个指标，然后根据指标优化原则，保留了 17 个指标，将这 17 个指标划分为五个维度，分别命名为营运能力、盈利能力、债务能力、成长能力、现金流量，由此构成了风险识别评价指标体系。

2. 运用报表分析法识别创新驱动背景下科技型中小企业财务风险

报表分析主要提供对资产负债表、利润表和现金流量表的分析，是基于报表的一种财务分析方法。报表分析的常用方法有比率分析法、比较分析法和趋势分析法，分析结果可以以文字、数值、图形等多种形式输出。比率分析法主要针对企业某一阶段的财务报表中的一些关键项目进行有关资料信息的采集与比对，根据其数值反映出的信息，分析与评价企业这一时期面临的财务风险，财务风险的识别主要是根据五类比率，也就是企业的营运、盈利、偿债、成长性、资金周转方面的能力比率。比较分析法主要用于测算企业在财务信息上反映出的经营管理问题，从而评价企业面临的财务风险。趋势分析法是根据对企业跨级报表里面的有关信息进行汇总研究，对该信息的多期连续数值实施对比分析，找出其发展变动的趋势与规律，进而用于评价企业面临的财务风险。

3. 运用聚类分析法度量创新驱动背景下科技型中小企业财务风险

聚类分析是研究事物分类的基本方法，常常用来探索"自然的"分类，这样的分类对研究有十分重要的意义。聚类分析法主要按照企业性质的差异性将其分成 Q 型聚类、R 型聚类两种。本书所针对的企业可以归类为 Q 型聚类，通过对本书选取的八家样本企业的聚类给予定性。其优点可以概括为：①能够以多变量数值就企业信息实施分类；②分类聚类谱系图能够较为直观地反映资料信息的分类结果；③分析获得的信息相对于传统分类手段，更为科学合理。同时运用 SPSS 中的 K-Means 聚类法及系统聚类法，根据八家企业在关于财务风险五个方面的指标，分别对 2014 年、2015 年、2016 年的财务风险进行聚类。

4. 运用主成分分析法提取八家样本企业财务风险主成分

主成分分析是通过提取少数几个主成分，来寻找判断某件事物的综合指标，这些主成分彼此不相关，并且可以尽可能多的保留原始变量的信息。本书分别对八家企业在 2014 年、2015 年和 2016 年关于财务风险的销售收入、每股收益、资产负债比、负债合计、流动比率、经营现金流量净额、营业收入同比增长率、每股收益同比增长率、净资产收益率同比增长率进行主成分的提取。

5. 运用单因素方差分析法分析 17 个指标

本书对选取的销售收入、资产负债比、负债合计、流动比率、经营现金流量净额、营业收入同比增长率、每股收益同比增长率、净资产收益率同比增长率等 17 个指标采用单因素方差分析法进行分析，识别出哪些财务指标在三个财务风险等级中有显著性差异，从而识别出哪些财务指标受到财务风险的影响。

6. 运用 Logistic 预警评价企业的财务状况

Logistic 回归根据八家样本企业数据，采用一系列财务指标，使用最大似然估计法估计未知参数，可求得因变量的取值概率。如果算出的概率大于设定的分割点，则判定该公司将陷入财务危机。

7. 运用案例分析法分析典型的科技型中小企业财务风险

考虑到数据获取的完整性和数据典型性，本书选取大晟文化、迅游科技和盈方微三家科技型中小企业并在创新驱动背景下分析其财务风险。

## 二、研究思路

本书基于财务风险的分类，识别和评价科技型中小企业财务风险，初步建立科技型中小企业财务风险应对的理论框架，从而实现在创新驱动背景下提高科技型中小企业财务风险管理能力和水平的目的。具体而言，本书预期达到如下研究目标（见图1-1）：

（1）利用结构方程模型和财务报表分析法，发现与识别科技型中小企业财务风险。

（2）利用聚类分析法、主成分分析法、单因素方差分析法，Logistic 预警度量和评价科技型中小企业财务风险。

（3）利用案例分析选取大晟文化、迅游科技和盈方微三家科技型中小企业，在创新驱动背景下分析其财务风险。

（4）基于科技型中小企业财务风险的应对策略，收集行业和企业数据进行实证分析，把实证结果推广到我国其他行业的科技型中小企业财务风险实践中。

本书拟解决几个关键问题：

（1）发现与识别科技型中小企业财务风险。本书运用结构方程模型和报表分析法对科技型中小企业财务风险进行识别，这需要收集科技型中小企业内部和外部的资料和数据。财务风险的发现与识别是风险应对的首要环节，也是最重要的步骤，因而这是本书拟解决的关键问题。

（2）度量和评价科技型中小企业财务风险。本书采用 Q 型聚类，即对文章选取的八家样本企业的聚类。同时运用主成分分析、单因素方差分析及 Logistic 预警等方法，根据八家企业在关于财务风险五个方面的指标，分别对2014年、2015年、2016年的财务风险进行度量和评价。

（3）数据收集、处理及运算。实证分析需收集被研究企业的大量数据并对其进行处理和运算，如果收集的数据不够翔实或者处理不当，将对分析结果产生较大的误差，从而影响预测结果，因而这也是拟解决的关键问题。

| 理论基础 | 情境分析 | 技术方法 |
|---|---|---|
| 创新管理理论 | 创新驱动发展 | 结构方程模型 |
| 财务管理理论 | 国家技术创新 | 聚类分析 |
| 风险管理理论 | 创新型国家建设 | 主成分分析 |
| 生命周期理论 | 科技型中小企业建设 | 单因素方差分析 |

研究结果

☆案例研究
☆文献收集、整理与分析
☆风险识别与评价过程分析
☆结构方程
☆聚类分析、主成分分析
☆单因素方差分析
☆Logistic 预警

科技型中小企业财务风险分析

科技型中小企业财务风险识别

科技型中小企业财务风险度量

科技型中小企业财务风险评价

科技型中小企业财务风险应对

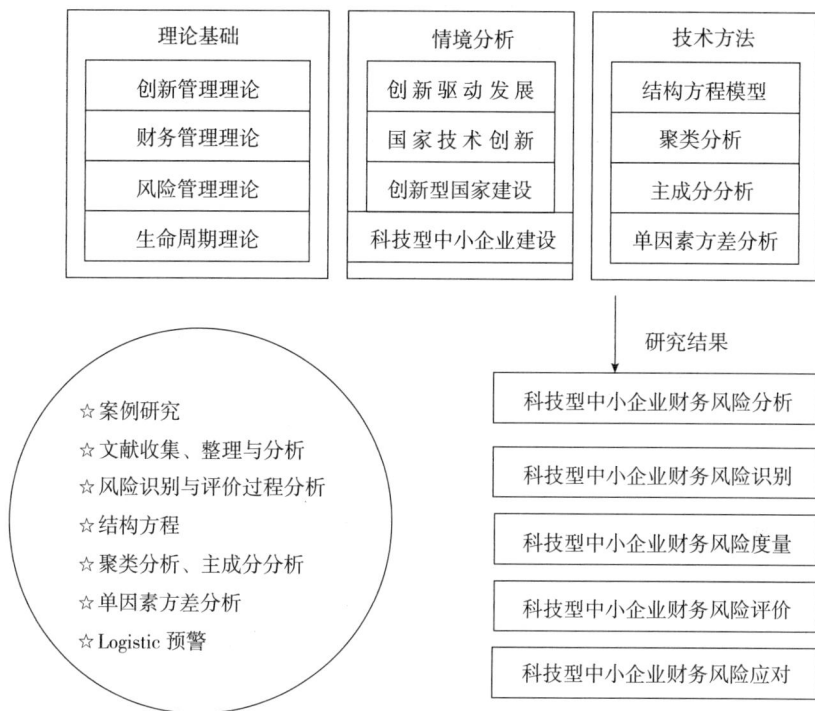

**图 1-1　研究步骤与研究思路**

## 三、研究内容

从研究内容来看，主要包含以下四个方面：

1. 创新驱动背景下科技型中小企业财务风险识别与评价分析，界定相关概念，构建理论基础

（1）财务风险识别和评价要素分析。分析科技型中小企业财务风险识别与评价，第一步先要构建对企业财务风险进行识别与评价的影响要素分析方法。本书拟从创新驱动的角度分析影响财务风险识别和评价的要素，可从企业生命周期、会计要素和会计指标及结构方程模型等方面设计相关的指标体系，用于识别与分析此类要素就企业财务风险造成的影响，并进行实证，向八家全国上市的科技型中小企业收集数据后，运用 SPSS 软件进行聚类分析、主成分分析、单因素方差分析、Logistic 预警等，从而得出各

要素对企业财务风险带来的影响具体到哪些微观层面。

（2）科技型中小企业财务风险识别。识别财务风险是风险应对过程的首要步骤，其水平和质量对于风险应对结果起着至关重要的作用。针对财务风险类型的不同，识别的方法和技术也有所差异。总体来说，财务风险属于内部风险，科技型中小企业可利用积累的大量与产品、市场、竞争对手、顾客相关的数据和信息，利用结构方程模型、数据挖掘和文本挖掘技术对科技型中小企业内部风险进行识别。但财务风险中的筹资风险和投资风险与外部环境相关，因而可采取环境扫描法收集外部环境信息和数据，运用数据挖掘的可视化识别技术对筹资风险和投资进行识别；同时可运用头脑风暴法和可视化识别技术对其进行发现和识别。

（3）科技型中小企业财务风险的评价。风险评价是对风险的概率和所导致的后果进行量化，它是企业实施财务风险管理工作需要做好的基础性工作。财务风险评价的第一步应当就各类风险因素实施细分。其中筹资风险涵盖了利率、再融资、汇率等方面的风险；投资风险涵盖了市场、汇率、通胀等方面的风险因素等；经营风险涵盖了物资采购、劳动力、应收账款变现等方面的风险；流动性风险包括变现能力风险和偿债能力风险。科技型中小企业财务风险的评价主要包括：首先，根据科技型中小企业财务风险的具体分类，设计指标体系，并对众多指标体系进行筛选，确定最终的指标体系；其次，收集数据，确定指标体系的权重；最后，度量财务风险。同时，运用主成分分析、单因素方差分析和 Logistic 预警等方法评价财务风险。

（4）相关概念的界定。企业风险根据其内容可分为财务风险、战略风险、市场风险及运营风险等。狭义的财务风险指的是企业面临的负债风险，主要指企业存在外部到期债务的情况下，因企业资金问题而需要面临的清偿困难及其为企业带来利益或信誉损失的风险。广义的财务风险涵盖了企业经营管理活动中，所有跟财务相关的因非确定性因素影响而导致的，会让企业面临一定有形或无形企业资源与资产损失的风险。基于此，科技型中小企业财务风险可界定为伴随科技型中小企业创新活动的全过程，在创新效益持续增长和可持续发展过程中使科技型中小企业实际财务收益偏离预期目标而遭受损失的风险。根据现有的研究基础及我国科技型中小企业的实践，把科技型中小企业的财务风险依据性质方面的差异分成筹资风险、投资风险、经营风险，流动性风险、存货风险。其中筹资风险主要指企业在资金筹集方面面临的为企业带来经济损失的不确定性因素的风险。投资风险主要指企业将资金投入到一定领域当中，由于市场因素而导致的投资预期与结果不对应而为企业带来收益目标无法达成的风险。经营风险指的是企业在经营发展上，因生产销售等各个环节上存在的不确定性因素，而造成企业需要面临经济损失的风险。流动性风险指的是企业因资金管理方面所面临的不确定性而导致的企业因清偿债务或流动资产不足而面临经济损失的风险。存货风险指企业所生产或销售的商品，在存货管理上因面临一定的不确定性而出现的因产品积压、折旧、损毁、贬值而有可能为企业带来经济损失的风险。

（5）建立理论基础。基于创新驱动发展战略背景，本书研究科技型中小企业财务风险识别与评价问题，其研究建立在创新管理、财务管理、风险管理、决策科学等理论基础上。另外，本书基于企业生命周期理论识别和评价创新驱动背景下科技型中小企业的财务风险，因而基于创新管理、财务管理、风险管理、决策科学和企业生命周期等理论，建立本书的理论基础。

2. 创新驱动背景下科技型中小企业财务风险应对重要性分析

科技型中小企业财务风险应对十分关键，基于创新驱动发展战略，提出建设科技型中小企业的重大战略意义，指出科技型中小企业是推动创新驱动发展战略实施的基本载体，是实现创新型国家建设的最坚实保障。结合当前关于科技型中小企业的研究，从创新驱动发展战略视角界定科技型中小企业的概念并对其内涵、特征、本质及建设思路进行深入分析。基于风险管理和财务管理理论，分析科技型中小企业财务风险应对的重要性及必要性。

3. 创新驱动背景下科技型中小企业财务风险应对策略

（1）科技型中小企业财务风险应对过程分析。就企业财务风险的应对过程本书拟把其界定为财务风险的发现与识别、度量与评价、应对策略设计三个阶段。发现与识别是财务风险应对的首要也是最重要的步骤，主要通过报表和指标等分析方法识别出可能存在的风险类型；度量与评价是对风险事件发生的可能性和后果进行量化的过程，是科学合理地进行财务风险应对的基础；应对策略是确定风险事件最佳对策组合的过程，目的是为了尽可能减少风险带来的损失。实施对策是对风险对策所做出的决策还需要进一步落实的计划和措施，如制订预防计划、应急计划、保险计划等。

基于财务风险应对的过程和财务风险的分类，可得出科技型中小企业财务风险的应对策略。

（2）科技型中小企业财务风险应对策略的设计。在风险识别与评价工作开展上，应对措施的形成是风险识别、动因动力和调控方式及其相互关系的总和，它能够为风险决策提供足够的组织支持、动力支持和信息支持。同时，每一个企业必然都会经历初创、成长、成熟、衰退这四个阶段，这是一个企业必然的发展轨迹，即企业的生命周期。当前阶段所构建起的企业生命周期理论就旨在为处于不同发展阶段的企业，设计符合其发展节点的组织结构形式，从而从企业的内部管理方面探索出一种能够保持企业发展能力的最优模式，从而使企业的生命周期得到延长，最终实现企业的可持续发展，所以本书针对不同发展阶段科技型中小企业面临的财务风险，设计阶段性的应对策略。

4. 实证分析

基于科技型中小企业财务风险的应对，以全国上市的科技型中小企业为基础，结合我国部分科技型中小企业实践进行实证分析。选取的企业主要有大晟文化、天润数娱、盈方微、集智股份、民德电子、南华仪器、迅游科技和会畅通讯。实证分析的步骤首先是进行数据收集。其次是识别科技型中小企业财务风险。基于收集的资料和数据，利用结构方程模型、数据挖掘、环境扫描法、头脑风暴法等方法识别筹资风险、投资风险、经营风险、流动性风险和存货风险。再次是对科技型中小企业财务风险的评价。基于识别的财务风险和指标体系，运用市场调研法、聚类分析法、主成分分析法和单因素方差分析法收集评价指标数据并对其进行度量。最后是对科技型中小企业财务风险的应对。根据财务风险度量和评价的结果，以及三个典型的科技型中小企业的案例分析，结合企业生命周期四个阶段进一步分析财务风险的应对策略。

## 四、研究的创新点

本书基于创新驱动发展战略，研究科技型中小企业财务风险识别与评价，这是一项在创新管理和风险管理领域具有探索性和创新性的工作。研究成果为我国科技型中小企业更好地对财务风险进行识别、分析评价并给出应对策略提供较强的借鉴和参考，并为政府管理部门支持科技型和创新型企业建设，推动创新驱动发展战略提供理论依据和范例，从而为实现我国在 2020 年建成创新型国家的战略目标提供坚实保障，具有较强的现实意义。具体的特色与创新之处在于：

（1）在创新驱动背景下，从财务风险识别与评价角度研究科技型中小企业建设问题，具有一定的新意，原因有以下两点：其一，当前对于科技型中小企业的研究主要从其概念、内涵、培育途径及模式等方面展开，而本书从创新驱动视角研究科技型中小企业的本质和内涵，提出科技型中小企业风险管理的重要意义。其二，识别和评价作为财务风险管理最重要的环节，对科技型中小企业发展成败起着至关重要的作用，本书从该角度研究科技型中小企业建设具有一定的创新性。

（2）基于企业生命周期的四个阶段分析科技型中小企业的财务风险管理问题，就怎样建立企业财务风险识别评价方面的理论框架给予了基于理论层面的探讨，研究内容具有一定的理论创新性。本书对科技型中小企业财务风险识别与评价进行了界定，运用结构方程模型、报表分析、聚类分析、主成分分析与单因素方差分析法发现和识别，以及度量和评价科技型中小企业财务风险，这相对以往风险识别和评价的研究有一定的理论创新性。另外，从企业生命周期、会计要素、财务与非财务指标等方面分析企业风险识别与评价的影响要素，这对于进一步拓展财务风险理论，补充和完善风险管理理论，具有一定的理论创新性。

（3）应用结构方程进行指标筛选，研究方法具有一定的新颖性。当前风险管理的研究方法主要是定性和定量相结合，而本书探索性地先用结构方程模型筛选指标，再用文本挖掘、报表分析、聚类分析、主成分分析和单因素方差分析等理论和方法对创新驱动背景下科技型中小企业财务风险进行识别和评价，研究方法具有一定的新颖性。

# 第二章　文献综述

创新驱动背景下科技型中小企业财务风险识别与评价研究的文献主要集中于科技型中小企业、创新驱动、财务风险和企业生命周期四个层面，本章基于以上四个方面主题进行综述，梳理当前的研究现状，提出当前研究的不足及未来的研究方向，从而构建本书研究的基本前提。

## 第一节　科技型中小企业研究述评

从相关文献来看，科技型中小企业的研究主要关注其概念、特征、成长及培育四个方面。

### 一、科技型中小企业的概念和特征

关于科技型中小企业概念及特征的研究，Drucker（1973）[1] 把科技型中小企业界定为是以高新技术及产品的研制开发、生产转化和销售经营为主体业务的中小企业；Pak Tee Ng（2004）[2]、Michael Best（2001）[3]、Joe Tidd（2001）[4] 依据企业所面临的市场环境、竞争类型等就科技型中小企业给予

---

[1]　Peter F. Drucker. Management: Tasks, responsibilities, practices [M]. New York: Harper & Row, 1973.

[2]　Pak Tee Ng. The learning organization and the innovative organization [J]. Human Systems Management, 2004 (23): 93-100.

[3]　Michael Best. The new competitive advantage: The renewal of American industry [M]. Oxford: Oxford University Press, 2001: 60-85.

[4]　Joe Tidd. From knowledge management to strategic competence [M]. London: Imperial College Press, 2001: 199-228.

了概念界定与性质解析；郑琼（2008）① 将科技型中小企业阐释为在经营方面以科技领域的产品生产或技术研发与服务为主，自负盈亏的规模较小的企业。

## 二、科技型中小企业的成长

关于科技型中小企业成长的研究，Freeman（1982）② 归纳了科技型中小企业成功的特点；Mahemba 等（2003）③ 对影响科技型中小企业成长的要素进行了分析；Keogh 等（1997）④ 对科技型中小企业的创新和全面质量管理进行了研究；王宏达（2007）⑤ 从生态角度探讨了科技型中小企业的发展；陈红等（2009）⑥ 就国家政策对科技型企业的扶持问题及其影响作用给予了结合问卷调查的实证研究；刘莉等（2009）⑦ 以我国广东省科技型中小企业为目标，就此类企业的成长性及其所面临的经营发展问题实施了分析论证；谭欣（2007）⑧ 研究了我国经济领域中以经营科技产品为主的中小企业在不同阶段的管理问题，提出了管理制度优化的一些设想；高志等（2008）⑨ 分析了我国从事科技产品生产与技术服务的中小型企业的资产价值，并构建了有关的技术性工具来评价其量化数值；王举颖等（2006）⑩ 采用技术手段，以模型分析法研究了我国民营企业领域中科技型中小企业的

① 郑琼．科技型中小企业财务管理创新之我见 [J]．湖北经济科学，2008（7）：82-84.

② Freeman，C. The economics of industrial innovation（2nd edition）　[M]．London：Francis Pinter，1982.

③ Mahemba，C.，De Bruijn E. J. Innovation activities by small and medium-sized manufacturing enterprises in Tanzania [J]．Creativity & Innovation Management，2003，12（3）：162.

④ Keogh W.，Bower，D. J. Total quality management and innovation：A Pilot Study of Innovative Companies in the Oil and Gas Industry [J]．Total Quality Management，1997，8（2）：196-201.

⑤ 王宏达．基于生态位视角的科技型中小企业成长问题研究 [D]．天津：天津大学博士学位论文，2007.

⑥ 陈红，卫建业．科技型中小企业：成长特征、影响因素、扶持政策——基于太原高新区科技型中小企业调研的分析 [J]．中北大学学报（社会科学版），2009（5）：426-430.

⑦ 刘莉，王成．科技型中小企业成长环境及其成长性的实证研究——以深圳企业为例 [J]．科技管理研究，2009（5）：318-322.

⑧ 谭欣．科技型中小企业各成长阶段特征及其需求分析 [J]．经济论坛，2007（9）：84-85.

⑨ 高志，刘素坤．科技型中小企业成长评价指标体系研究 [J]．辽宁师范大学学报（社会科学版），2008（11）：47-49.

⑩ 王举颖，汪波，赵全超．基于 BSC-ANP 科技型中小企业成长性评价研究 [J]．科学学研究，2006（8）：581-585.

资本成长性。

## 三、科技型中小企业的培育

关于科技型中小企业培育的研究，Baccara 等（2007）①、Camelo-Ordaz（2008）②、Christiansen（2000）③ 从人力资源、企业文化、战略联盟等方面展开研究；Learned（1965）④ 等在商业政策中以态势分析进行企业经营发展战略的研究，构建了 SWOT 分析模型，而战略管理的核心是研究企业竞争优势的创造和保持。此外，Lazonick（2003）⑤ 结合动态能力概念提出了科技型企业社会条件分析框架，认为研究科技型企业要综合考虑产业条件（技术、市场和竞争）、组织条件（行为、战略和认知）和制度条件（就业、金融和政府管制）。张海波等（2013）⑥ 开发设计出一个通过四维度进行企业战略分析的技术模型，进而发展出一套以技术手段分析企业经营发展问题的有关设想。王举颖等（2007）⑦ 按照我国经济领域中从事科技型产品生产与技术研发及服务的中小企业在企业性质上所具有的突出特征，研究了怎样引入实物期权进行企业资产管理与价值分析的有关理论。谢晓国（2004）⑧ 就我国南部地区从事科技型产品生产与技术服务的中小企业进行了企业战略方面的研究，就企业战略上的差异性对企业经济风险防控能力造成的影响给

---

① Baccara M, Razin R. Bargaining over new ideas: The distribution of rents and the stability of innovative firms [J]. Journal of the European Economic Association, 2007, 5（6）：1095-1129.

② Camelo-Ordaz C, Fernandez-Alles Maria De la Luz, Valle-Cabrera R. Top management team's vision and human resources management practices in innovative Spanish companies [J]. International Journal of Human Resource Management, 2008, 19（4）：620-638.

③ Christiansen James A. Building the innovative organization: Management systems that encourage innovation [M]. New York: St. Martin's Press, 2000：357.

④ Learned E P. Business policy: Text and cases [M]. Homewood: Irwin, 1965.

⑤ Lazonick W. The theory of the market economy and the social foundations of innovative enterprise [J]. Economic & Industrial Democracy, 2003, 24（1）：9-44.

⑥ 张海波, 李纪珍, 余江, 曾路. 创新型企业：概念、特征及其成长 [J]. 技术经济, 2013, 32（12）：15-20, 39.

⑦ 王举颖, 汪波, 赵全超. 基于实物期权的科技型中小企业战略选择与柔性决策研究 [J]. 软科学, 2007, 21（1）：102-108.

⑧ 谢晓国. 江西省发展科技型中小企业战略思考 [J]. 企业经济, 2004（12）：127-129.

予了分析，并提出了企业进行战略风险防控的一些设想。朱少英、凌文辁(2009)① 研究了我国经济领域中从事科技型产品生产与技术研发及服务的中小企业在 HR 管理上表现出的突出问题，进而就企业 HR 管理系统的建设提出了理论构想。

由于科技型中小企业对一个国家的国民经济创新发展具有积极、重要的作用，国际理论领域与我国学术界有关科技型中小企业的概念、特征、企业成长和企业培育等方面的研究成果相对比较丰富。然而，目前对科技型中小企业发展的分析一般还停留在静态分析的层面，对科技型中小企业发展的研究从动态角度进行分析的理论观点相对来说还不太丰富，而从理论建设的全面性角度考虑，分别从不同层面就企业发展问题进行理论研究，探讨企业创新驱动战略方面的问题，完善理论体系的健全性与系统性，是现阶段及未来学术领域理论发展的大方向。

# 第二节　创新驱动研究述评

学术领域目前有关经济发展创新驱动的问题，主要观点集中在宏观领域的经济现象分析与机制探讨上，而对微观层面的企业问题而言，其理论研究的针对性还比较欠缺，因而目前主要的理论文献集中在宏观方面，尚未从系统全面性角度构建从微观、中观到宏观的理论体系。

## 一、创新驱动的内涵

创新驱动的概念最早是由著名经济学领域研究学者迈克尔·波特提出的。波特提出一个国家在产业发展与市场竞争力提升上，其过程大致可以分成四个不同的发展时期。其中第一期、第二期主要依赖于资源与劳动力进行产业规模与产业环境的建立形成，因而这两个时期是生产要素与资源的驱动发展时期，步入到第三期，就进入到产业发展的技术驱动阶段，这

---

① 朱少英，凌文辁. 科技型中小企业战略人力资源管理体系构建研究［J］. 金融经济，2009（2）：176-177.

一时期，技术创新成为产业发展最为核心的推动力，而第四期则是主要依靠资本推动的发展时期。① 波特提出的理论思想中，对于产业发展的技术创新给予了基于理论角度的定义，这使得创新驱动第一次从企业各项要素中被提取出来，作为经济发展诸多要素分析中具有代表性价值的重要要素被纳入研究领域。洪银兴（2013）② 提出对于经济发展而言，技术与管理方面的创新为推动经济发展的关键性因素之一，而创新驱动所产生的动力需要依托于知识资本、人力资本等无形要素的功能性作用才能实现，因而其将创新驱动的概念描述为，以知识、技术、管理无形资源就企业生产发展活动中的各项资源进行科学配置，从而发挥出更大投入产出绩效比的有关活动及其动力构成。洪银兴提出，创新要素跟传统意义上的企业资源相比，其在某些阶段的企业发展方面所起到的作用要大于资本、资源、产品、生产力等要素，而且其具有一定的时效性，某一时期具有创新性的要素，超过其技术发展阶段就不再具有创新性，其对于企业发展而言所起到的驱动作用也会有所降低。而创新驱动永远在于其技术尚未发展到较高的成熟阶段时对企业产生的决定性影响最为显著。学术领域很多专家学者把创新带来的经济驱动作用归结在其对一些传统意义上的企业要素与企业资源所起到的边际收益的扩大作用，因为对于企业而言，劳动力与资源的投入一旦达到某种边际，继续投入所产生的价值推动力就会递减，而企业要想继续获得更大的发展，仅仅依靠不停地进行生产力与资源的注入是无法实现的。而通过技术创新则可以让企业突破这一发展上的瓶颈，使得企业的资源配置效率与投入产出比获得由量变到质变上的飞跃。而此类技术创新在具有行业前瞻性的市场环境中，对企业的竞争优势产生的影响最为显著。阿瑟·刘易斯（1989）提出，技术或管理方面的创新可以打破企业生产的边际收益递减曲线，从而使得企业发展突破经济性限制规律，而获得更为广阔的发展空间。③ 陈曦（2013）④ 提出我国的经济发展要依托于传统的大量投入资源与劳动力的模式，是无法具有长期的可持续性的，必然面临在未来某一阶段资源与劳动力投入对经济发展的推动力逐渐减弱的困局，而只有通过技术与管理方面的创新，才可以驱动经济向更高的发展层级迈进，从而使得经

① 迈克尔·波特. 国家竞争优势 [M]. 北京：华夏出版社，2002.
② 洪银兴. 论创新驱动经济发展战略 [J]. 经济学家，2013（1）：5-11.
③ 阿瑟·刘易斯. 二元经济论 [M]. 北京：北京经济学院出版社，1989：29-33.
④ 陈曦. 创新驱动发展战略的路径选择 [J]. 经济问题，2013（3）：42-46.

济发展具有长期的可持续性与递增效应。张来武（2013）① 提出创新驱动是社会经济发展到一定阶段才会体现出价值的经济发展影响因素，对于较低发展阶段的市场环境而言，资源与劳动力的投入对经济发展的影响是直观的，短期内最具影响效果的，而如果市场达到一定程度的饱和，则再进行资源与劳动力的投入就会面临投入效益递减的局面，而这一阶段，技术或管理上的创新才能体现出其对经济推动的关键性影响作用。而这一影响会创造出新的市场空间与经济增长点，使得市场规模与竞争获得层级的飞跃。

## 二、创新驱动机制

现阶段国际上学术领域与我国理论界有关创新机制推动经济发展的研究，其理论着眼点主要集中在技术创新的影响上。部分观点把科技创新解释成创新驱动的主要动力（郭广银，2011），也有观点认为创新所带来的驱动作用是多方面的。② 陈曦（2013）③ 分别从创新评价、人力资源、政策、文化等不同角度探讨了创新驱动的影响作用与形成机制。我国学者傅家骥（1999）④ 提出，技术方面的创新对于激励经济发展所产生的影响作用，其具有宏观与微观两个不同层次的激励效果，从宏观方面创新活动所产生的激励主要来自于产权激励、市场激励、政策激励等方面。从微观层面创新所产生的激励主要来自于成本激励、价值激励、效率激励与市场竞争力激励等方面，对企业而言的创新激励主要体现在微观角度上，而其创新活动的资源投入与形成激励的有效性则是相对于宏观层面而言，不如后者的作用稳定。洪银兴（2013）⑤ 提出，要实现创新驱动，最为重要的问题在于开展知识领域的创新协同机制建设工作，要实现创新就需要特定领域的专业化知识，而此类知识往往来自于高等院校、专业科技研究领域，因而如果缺乏了对此类领域的关注，仅仅依托于企业是无法实现创新的。而通过发展能够为创新提供知识基础与人才基础的相关科技文化产业，才可以使得技术创新具有了最初的推动力，而此类推动力的形成是创新活动得以出现

① 张来武. 论创新驱动发展 [J]. 中国软科学, 2013 (1): 1-5.
② 郭广银. 以产学研合作推进实施创新驱动战略 [J]. 群众, 2011 (6): 17-18.
③ 陈曦. 创新驱动发展战略的路径选择 [J]. 经济问题, 2013 (3): 42-46.
④ 傅家骥. 企业技术创新: 推动知识经济的基础和关键 [J]. 现代管理科学, 1999 (5): 4-5.
⑤ 洪银兴. 论创新驱动经济发展战略 [J]. 经济学家, 2013 (1): 5-11.

的基础。因而对于国家层面或社会层面的创新体系建设，做好教育与科研领域的基础建设是创新体系得以形成的重要环节之一。我国学术领域一些学者还从创新动力多元论角度提出了多方面的研究观点，提出技术创新的驱动力来自多元角度，由社会的、文化的、经济的、政治的等多方面因素构成，而综合形成最终的驱动作用，所有要素所产生的动力是不同的，而只有科学配置与管控不同的要素资源，才能使得创新活动发挥出确定的社会经济发展驱动影响力。

现阶段国际上学术领域与我国理论界就科技型中小企业和创新驱动给予的理论研究在整体样貌上表现出如下特点：①国际上针对科技型中小企业给予的微观层面研究起步较早，我国在这方面的理论研究步伐与体系建设上存在一定的滞后性；②针对创新驱动的研究，我国主要关注的是其理论渊源、内涵及作用机制等方面，而针对风险管理的研究目前还不太丰富，在创新驱动背景下进行科技型中小企业风险管理的研究尚处于起步阶段；③把科技型中小企业与创新驱动结合起来的研究较少，仅提出科技型企业的根本任务是创新，没有对创新驱动背景下科技型中小企业问题进行深入探讨。

# 第三节　财务风险的研究评述

通过梳理相关文献，目前有关企业财务风险的研究主要集中在概念定义、风险识别、风险评价和预测模型四个方面。

## 一、财务风险的概念

有关财务风险的概念定义，学术界对其主要进行了两个不同层面的研究与探讨，狭义角度的财务风险一般被定义为企业债务风险，指的是企业在存在外部到期债务情况下，因企业资金问题而需要面临的清偿风险及其为企业带来利益或信誉损失的风险。Whitaker（1999）[①] 提出财务风险主要指企业因现金流减少而导致的清偿风险。Ross 等（1999）[②] 提出财务风险主要指企业因现金流匮乏而导致到期债务无法偿还的风险。余绪缨（2003）提出，财务风险指企业因内部问题而导致债务清偿上出现无法如期履约的不确定因素。[③] 汪平（2003）[④] 提出财务风险指的是企业因在负债管理上存在问题而导致清偿活动无法如期实现的风险。

广义的财务风险涵盖在了企业经营管理活动中，所有跟财务相关的因非确定性因素影响而导致的会让企业面临一定有形或无形企业资源与资产损失的风险。财务风险依据过程上的差异性能够分成筹资风险、投资风险、营运资金风险、收益风险四个方面。刘恩禄等（1989）[⑤] 提出财务风险可以定义为企业在资本管理与投资活动中，因受到内外部因素的影响而造成的预期收益目标无法达成而使得企业遭遇损失的风险。兰艳泽（1999）[⑥] 提出财务风险可以定义为企业所有财务活动里因风险或不确定因素而导致收益受到负面影响的各类因素，而实施科学的风险识别与防控措施，能够使得企业将此类因素可能带来的损失降到最小。

## 二、财务风险识别

Fitzpatrick（1932）[⑦] 是理论领域第一个提出单变量风险评测法的研究学者，其针对破产企业的会计报表信息进行分析，就其中跟企业破产现象表现出较高相关度的指标给予了归纳总结，发现"净利润/股东权益"与"股东权益/负债"跟企业的财务风险具有十分显著的相关性，进而提出以该指标作为分析企业财务风险的有关设想。杨华江、席酉民（2002）[⑧] 对财

---

① Whitaker R B. The early stages of financial distress [J]. Journal of Economics and Finance, 1999, 23 (2): 123-133.

② Ross L, Anderrei Shleifer. Corporate ownership around the world [J]. The Journal of Financial, 1999, 4 (12): 471-517.

③ 余绪缨. 企业理财学 [M]. 沈阳：辽宁人民出版社，2003.

④ 汪平. 财务理论 [M]. 北京：经济管理出版社，2003.

⑤ 刘恩禄，汤谷良. 关于企业财务风险界定的探讨 [J]. 北京商学院学报，1989 (1)：50-54.

⑥ 兰艳泽. 关于企业财务风险界定的探讨 [J]. 理论探讨，1999 (8)：14-15.

⑦ Fitzpatrick. A comparison of ratios of successful industrial enterprises with those of failed firms [J]. Certified Public Accountant, 1932: 589-605, 656-662, 727-731.

⑧ 杨华江，席酉民. 集团公司风险管理模型探讨 [J]. 中国软科学，2002 (8)：61-66.

务识别问题进行了研究，并提出以模型工具就企业风险进行识别与防控管理的有关设想。徐晖和余娟（2007）① 就企业开展跨境业务方面所面临的风险问题给予了基于风险识别角度的研究，并提出了具体的识别方案及其相关指标。许晖等（2006）② 就我国企业国际化发展进程面临的风险识别问题进行了特征方面的研究。初叶萍和胡艳（2003）③ 分析了企业并购活动中面临的风险因素，并就风险识别问题进行了技术工具方面的有效性研究。

## 三、财务风险评价

Prahalad（1990）④ 指出建立一套完善的风险评价体系，对衡量和评价公司财务管理活动和业绩活动的好坏是十分有必要也是非常关键的。Christopher 等（1999）⑤ 以过去、现在和将来作为时间要素，认为不同时刻所处的环境不同，而面临的风险也有所不同，这种时间上的改变会影响企业价值的潜在力量。因此，需要通过测算这一潜在能力的变化来评价财务风险。吴世农等（2001）⑥ 主要选取了140家样本企业，针对1998年至2000年，分别运用线性判定模型、线性概率模型和Logit回归模型深入分析和对比评价结果，并得出Logit模型的评价准确性比其他两种方法要高的结论。

## 四、财务风险预测模型

现阶段国际上学术领域与我国理论界有关企业财务风险预测方面的研

① 许晖，余娟. 企业国际化经营中关键风险的识别研究 [J]. 南开管理评论，2007（10）：92-97.
② 许晖，姚力瑞. 企业国际化进程中国际风险变化特征识别研究 [J]. 经济经纬，2006（6）：70-73.
③ 初叶萍，胡艳. 企业并购风险识别及决策支持系统的初步框架设计 [J]. 技术经济与管理研究，2003（5）：50-51.
④ Prahalad C K. The core competence of the corporation [J]. Harvard Business Review, 1990 (3): 79-91.
⑤ Christopher J, Varma S. Strategic risk management the new competitive edge [J]. Long Range Planning, 1999 (4): 414-424.
⑥ 吴世农，卢贤义. 我国上市公司财务困境的预警模型研究 [J]. 经济研究，2001（6）：23-26.

究核心关注点集中于预测方法的确立与变量指标的选择上，目前已经形成了大量的风险预测模型工具，按照模型的性质差异能够大致将其分为参数模型和非参数模型两类。张红日（2009）[①] 以 Z 变量模型就我国中小企业的财务风险实施了技术角度的预测，并通过跟结果对比进行研究，提出可以通过单一指标进行某些产业领域企业财务风险的预警。以非参数方法实施财务风险研究，主要采用的工具有神经网络模型、案例推理、DEA 模型等。Lane 等（1986）[②] 设计出 COX 模型用于企业的财务风险分析，其可以用来预测企业今后一段时期内的市场生存能力。Coats 等（1992）[③] 选择使用神经网络法构建风险研究模型就企业财务风险进行了预测分析，跟现实中的企业资料信息对比，验证了其风险分析的有效性。姜金贵和梁静国（2009）[④] 通过引入伸缩因子改善神经网络分析法，就我国证券资本市场上20 家上市企业的财务风险问题实施了分析，就其模型方法的有效性结合企业实测数据给予了对比研究。

当前对财务风险的研究呈现如下趋势：第一，财务风险的概念、研究方法、内涵的研究还未形成系统的研究体系；第二，财务风险的测度手段与技术措施主要来自于金融、数学等学科，此类模型用于企业财务风险的识别与评价较少；第三，目前的企业财务风险研究，在方法运用上主要采用定量法进行研究，而在定性研究上相对比较薄弱，而定量与定性结合的针对性研究更少；第四，财务风险识别与评价的研究还不太丰富，以技术手段实施的财务风险识别与评价的研究较少。

# 第四节 企业生命周期的研究述评

企业生命周期理论对于企业不同阶段的经营发展问题的定性研究具有

---

① 张红日. 我国中小企业板块上市公司财务风险预警研究［J］. 经济师，2009（6）：70-71.

② Lane，W. R.，Looney，S. W. and Wansely，J. W. An application of the COX proportional hazards model to bank failure［J］. Journal of Banking and Finance，1986，10（4）：510-533.

③ Coats，P. K.，Fant，L. F. Recognizing financial and distress patterns using a neural network tool［J］. Financial Management，1992（11）：142-155.

④ 姜金贵，梁静国. 基于小波神经网络的上市公司财务风险预警研究［J］. 商业研究，2009（2）：97-99.

显著的理论指导意义，而从企业生命周期角度就企业管理问题进行研究，是将企业管理问题纳入科学化理论体系，从而使企业管理问题在研究上更具系统性与合理性的积极举措。因而针对本书的研究内容，笔者将企业生命周期理论引入研究当中，作为指导本书研究的重要理论思想，以使本书在企业财务风险识别与评价的研究上更加准确。

## 一、企业生命周期理论的定义

20 世纪 60 年代，Haire 第一次提出了企业生命周期理论，指出现代企业在其成长发展的过程中跟自然界生物体的成长过程十分类似，而根据企业发展的不同阶段，对其给予定性，能够使得企业发展的某些问题得到更为清晰的显现。[①] 马森的思想是"企业的生命周期"理论形成的基础，但这一概念在学术领域的确立则是 20 世纪 70 年代 Greiner 在其著作中通过进行正式的系统论证与定义而形成的。[②] 我国学术领域有关企业生命周期的研究相对于国际上发达国家起步较晚，陈家贵等 1998 年出版的《企业经济学》里第一次就企业生命周期理论给予了系统推介，这是我国引入这一理论的开始。在其之后，我国很多学者纷纷从不同角度对企业生命周期理论给予了研究与论证，并构建出我国的理论研究体系。

## 二、企业生命周期理论的发展

自从"企业生命周期"理论形成后，学术领域很多学者纷纷从不同角度对其给予了发展研究。Esler 等（2010）以组织成长视角就企业生命周期理论实施了论证分析，将其归纳为组织成长发展的不同阶段，这使得企业生命周期理论不再仅局限于经济企业当中，而对于广义的社会组织或非营利团体的成长发展研究也产生了深远影响。[③] Adizes 在其著作中将现代企业

---

① Haire, M. Modern organization theory [M]. New York: John Wiley & Sons, Inc., 1959.

② Greiner, Larry E. Evolution and revolution as organizations grow [J]. Harvard Business Review, 1972 (4).

③ Esler, D., Trust, K. A., Ballachey, B. E., et al. Cytochrome P4501A biomarker indication of oil exposure in harlequin ducks up to 20 years after the Exxon Valdez oil spill [J]. Environmental Toxicology and Chemistry, 2010, 29 (5): 1138–1145.

的生命周期分成了产生、发展与衰退三个不同时期，为企业生命周期的分期标准给予了发展。① 20 世纪 90 年代，美国著名经济学领域研究学者 Richard L. Daft 针对企业生命周期的分期问题给予了更为深入的研究，在参考了 Greiner、Quinn、Cameron 等理论思想的基础上，提出了从企业创立与发展的视角实施分期的有关理论，将企业发展分成初创时期、简单发展时期、标准化发展时期、完善发展时期四个阶段；并分别针对不同阶段的企业特征给予了研究。Galbraith（1982）针对科技型中小企业实施了基于企业生命周期问题的研究，认为可以将此类企业分成概念、模型、创立、步入正轨与竞争发展等不同时期。② Kazanjian（1988）提出以经营科技型产品生产或技术服务的中小企业在其生命周期上跟一般企业存在较大差异性，可以分成企业形成、产品确立、企业发展与企业规模化等不同的发展时期；并提出此类企业在不同的发展阶段，其技术创新产生的作用意义及其影响力对企业而言存在较大差异性。③ 20 世纪 90 年代，Hanks 等（1994）第一次以量化分析法研究了经营科技型产品生产或技术服务的中小企业在其生命周期上的特殊性与差异化特征，并提出将其分为初创、发展、成熟、衰退四个周期的有关设想；其选择了数百家此类企业实施了样本分析，得出的分类依据具有标准化方面的重要理论价值。④ 李业（2000）对一所公司的生命周期性问题做了较为完善的研究，得出的结果与别人有所不同，他并不看好一家企业可以在快结束的时候实现翻身和重生。李业的修正模型为研究该问题的学者铺平了道路。⑤我国曾有学者将科技开发类型的一些中小型企业的生命周期分为了四个阶段，其中包括了从初创期到成熟期的发展过程，⑥ 但显而易见的缺陷在于对其衰退期的忽略。此外，还有不少学者也对高科技、一般科技型的企业的生命发展周期进行了划分，都无外乎初创

①　Adizes，I. How to gain & maintain a prime condition ［J］. Leadership Excellence，1989（2）.

②　Galbraith ，J. The stages of growth ［J］. Journal of Business Strategy，1982（2）：70-79.

③　Kazanjian，R. K. Relation of dominant problems to stages of growth in technology - based ventures ［J］. Academy of Management Journal，1988（2）：257-279.

④　Hanks，S. H.，Watson，C. J.，Jansen，E.，et al. Tightening the life-cycle construct：A taxonomic study of growth stage configurations in high-technology organizations ［J］. Entrepreneurship Theory and Practice ，1994，18（2）：5-30.

⑤　李业. 企业生命周期的修正模型及思考 ［J］. 南方经济，2000（2）：43-46.

⑥　余国全. 科技型中小企业发展的生命周期 ［J］. 郑州航空工业管理学院学报，2001（4）：53-57.

到完善再到逐渐衰退的过程。[①]

我国学者章卫民等（2008）在吸取了国外企业生命周期研究的经验以后，提出了有别于其他学者的新颖看法，更具合理化意义。他将企业生命分为五个阶段：种子时期——就像一颗孕育待发的种子；初创时期——企业刚刚起步阶段；发展时期——企业处于上升状态；最后走向成熟，直至衰退时期。[②] 据此，我们可以知道不同专家，见仁见智。所以，目前来看，科学合理地对公司生命周期进行有效划分，是一个重要且值得探讨的问题。

# 小　结

现有文献对科技型中小企业、创新驱动、财务风险及生命周期进行了深入的研究，为本书的研究提供了一定的基础和借鉴。然而，创新驱动背景下科技型中小企业财务风险识别与评价是一个复杂的系统工程，当前的研究没有完全涵盖这一论题，因而本书还可以从以下四方面进行深化研究：

第一，当前把科技型中小企业、创新驱动、财务风险结合起来研究的较少，但是它们之间存在紧密的关联。科技型中小企业的根本任务是实现创新，创新驱动发展战略为科技型中小企业提供有利的平台，企业家能否识别财务风险并做出应对，是科技型中小企业实现创新的关键。因而有必要把科技型中小企业、创新驱动、财务风险结合起来进行深入研究。

第二，国际上针对科技型中小企业给予的微观层面研究起步较早，我国在这方面理论研究步伐与体系建设上存在一定的滞后性；同时，针对创新驱动的研究，我国主要关注的是其理论渊源、内涵及作用机制等方面，而针对风险管理的研究目前还不太丰富，在创新驱动背景下进行科技型中小企业风险管理的研究尚处于起步阶段；把科技型中小企业与创新驱动结合起来的研究较少，仅提出科技型企业的根本任务是创新，没有对创新驱

---

① 严志勇，陈晓剑，吴开亚. 高技术小企业技术创业模式及其识别方式 ［J］. 科研管理，2003（4）：24-28.

② 章卫民，劳剑东，李湛. 科技型中小企业成长阶段分析及划分标准 ［J］. 科学学与科学技术管理，2008（2）：43-47.

动背景下科技型中小企业问题进行深入探讨。

第三，当前财务风险的研究主要关注财务风险的概念、识别方法、测度模型等方面，但对财务风险识别与评价的研究较少，没有形成系统的研究体系和方法。而识别与评价作为财务风险管理最重要的环节，对于创新驱动背景下科技型中小企业财务风险管理的成败起着至关重要的作用。因而有必要对创新驱动背景下科技型中小企业财务风险识别与评价进行深入研究。

第四，综合国内外关于企业生命周期的研究文献，可以看出，不同学者对生命周期的划分具有不同的意见，国外关于企业生命周期的研究较早也较为完善，因此，如何根据我国科技型中小企业的特点，科学地划分其生命周期仍然是值得研究的问题。

# 第三章　理论框架构建

现有文献对科技型中小企业、创新驱动、财务风险及生命周期理论的相关研究，为本书提供了一定的基础和借鉴。然而，创新驱动背景下科技型中小企业财务风险识别与评价是一个复杂的系统工程，当前的研究没有完全涵盖这一论题。本章基于以往研究的空白，对科技型中小企业、创新驱动及财务风险等概念做了进一步的界定，并构建本书研究的理论框架。

## 第一节　科技型中小企业的相关理论

在科技型的中小企业里，有一定数量的专业人员进行科技的研发，研发成功后会进行自主知识产权的申报工作，这是后期将之变成高新科技的准备工作，企业一旦产生了高新科技，就可以实现整个公司的可持续发展。[①] 想要对科技型中小企业进行深入的研究，就需要对其相关的理论进行了解，主要包括以下三个方面：一是概念问题；二是这些企业的发展情况；三是本质特征。

### 一、科技型中小企业概念的界定

在中小企业这一较大的领域里，科技型的公司占了十分重要的位置。在这个极富活力的时代，其具有的高度的创新模式和十分灵活的经营模式使之成为最具有潜力和发展力的微观经济主体。一座城市乃至一个国家的

---

① 中华人民共和国科学技术部　科技部　财政部　国家税务总局关于印发《科技型中小企业评价办法》的通知（国科发政〔2017〕115号）[Z]. 2017.

经济也越来越重视它的存在。我国科技部在 1999 年就对科技型中小企业做出了积极鼓励的行为，不仅为其设立了专门的基金，而且还对其进行了正式的定义。设立了申请该基金的中小企业所需要的要求：第一，我国境内依法登记注册，成为企业法人。第二，健全自己的财务管理机制。第三，对企业职工人数进行了原则上的规定——不超过 500 人，并对其进行了学历要求——应有 30% 以上的大专及以上文凭的职工。第四，对主要从事的行业也进行了规定——高新技术的研发与产品服务。第五，对企业负责人也进行了较高水平的要求，要有较高的创意和较好的开拓市场的能力；除此以外，还对每年用于产品研发的投入进行细致的规定；对直接从事科研的人数进行了规定；并对企业良好的经营提出了一些要求。

近几年，根据国务院各部门联合印发的文件规定：科技型中小企业的注册地必须是在我国大陆范围之内；不生产国家已经淘汰的、禁止的产品；公司不得在过去的一年内有重大安全、质量等相关事故，且没有被列入失信企业名单；除此之外，企业员工总人数超过 500 人的，以及年销售总额、公司总资产超过两亿元的企业都不在国家创新基金的申请范围之内。企业依据以上指标进行量化评分，总分低于 60 分的或者科技人员的指标得分为 0 分，也不满足申请基金的条件。根据国家发改委的相关文件，将企业评价指标分为三类：第一类是研发投入；第二类是科技成果；第三类是科技人员，采取百分制的评价形式，具体情况如表 3-1～表 3-4 所示。

（1）科技人员指标（满分 20 分）。按科学技术员工总人数占企业总职工数的比例分档评价。

表 3-1　科技人员总数占企业总职工数的比例

| 30%（含）以上 | 25%（含）～30% | 20%（含）～25% | 15%（含）～20% | 10%（含）～15% | 10% 以下 |
|---|---|---|---|---|---|
| 20 分 | 16 分 | 12 分 | 8 分 | 4 分 | 0 分 |

（2）研发投入指标（满分 50 分）。企业从 1）、2）两项指标中选择一个指标展开评价工作。

1）按企业研发费用总额占销售收入总额的比例分档评价。

表 3-2　研发费用占销售收入总额的比例

| 6%（含）以上 | 5%（含）~6% | 4%（含）~5% | 3%（含）~4% | 2%（含）~3% | 2%以下 |
|---|---|---|---|---|---|
| 50分 | 40分 | 30分 | 20分 | 10分 | 0分 |

2）按企业研发费用总额占成本费用支出总额的比例分档评价。

表 3-3　研发费用占成本费用支出总额的比例

| 30%（含）以上 | 25%（含）~30% | 20%（含）~25% | 15%（含）~20% | 10%（含）~15% | 10%以下 |
|---|---|---|---|---|---|
| 50分 | 40分 | 30分 | 20分 | 10分 | 0分 |

（3）科技成果指标（满分30分）。按企业拥有的知识产权类别和数量开展分档评价工作（知识产权应没有争议或纠纷）。

表 3-4　科技成果指标

| 1项及以上 I 类知识产权 | 4项及以上 II 类知识产权 | 3项 II 类知识产权 | 2项 II 类知识产权 | 1项 II 类知识产权 | 没有知识产权 |
|---|---|---|---|---|---|
| 30分 | 24分 | 18分 | 12分 | 6分 | 0分 |

在同时满足以上第一条到第四条的企业，如果也符合以下所列要求中的任何一项，则该公司可直接纳入科技型中小企业的行列范围。具体条件和要求如下：第一，公司具有高新技术企业资格证，且该证必须在有效期之内，有效期之外的资格证视为无效。第二，企业近五年内在国家级的科技竞争中有突出表现，且排前三位的企业。第三，公司具有经过权威认定的科技研发机构，且该机构的级别不得低于省级及以上。第四，公司在最近的五年内，在国家指定的行业标准或者是国标中起到了主要的作用。

通过以上种种评价，我们可以了解到，科技型的中小企业是一个复杂的、各方面整合在一起的概念，主要对象是中小企业，并且突出强调企业的科技研发和服务的作用。在就这一类企业进行分类界定时，要统筹兼顾，既重视质的挑选，也不可忽视量的积累。要实事求是，求真务实。重视质的挑选就可集中体现出什么样的企业、公司可以成为科技型中小企业，有助于区别什么是高新技术企业，什么是科技型企业；对于这一关系的区分，我国在长期的实践中留下了许多经验和总结办法，科技型企业的范围相比之下更为宽广，高新技术企业的经营规模要比科技型的更加广阔。至于如何对民营性科技企业与科技型中小企业进行区分，笔者认为可以从共性与个性的角度进行分析，两者的共性在于都属于科技型企业的范围之内，而两者的个性又在于：民营科技企业不受企业规模的限制，其经营机制也属于自负盈亏型，科技型中小企业对企业规模有严格的控制，前文已经提到，而对于后者则没有明确的规定。重视量的积累从另一个方面把这些评价标准进行量化，让人一目了然。在中国，科技型的中小企业都有属于自己的研发团队，该团队是由专业的科学技术人员组成，专门进行高技术、高标准产品研发和服务的。具有专门化和专业化的典型特点。如此一来，就产生了小型化、中型化的企业，一般而言，在这样的企业中，研发团队的人数都在百人以下。

由此我们可以进一步地确认，在科技型中小企业中，研发能力、产品质量及服务质量都是毋庸置疑的。而对于这类企业的量的规定，有以下几个方面供参考。科技型企业的定量标准可以从以下三个方面进行考量：其一，企业在进行高科技产品研发时所投入的成本多少；其二，从事科研活动的人数占公司总人数的比例大小；其三，在第二个条件中又有多少科技人员从事产品的直接研究与开发，这一比例数目是第三个考量标准。这些定量标准有直接的权威参考数据——2000 年国家颁布的研究与开发资源清查数据。当然这些数据只是作为参考，实际指标可依据实际情况进行酌量的适度调整。此外，划分中小企业的依据还可以根据公司职工的总人数、销售数量及公司总资产的数量进行。一般的企业，公司员工总人数不超过2000 人就可以视为中小企业，而在科技型企业中，这一数量就明显减少，降至百人及以下。据数据统计，在七年前，民营科技企业员工超过 500 人以上的公司数量占总公司数量的比例不足 2%。[①] 所以，科技型中小企业职工总人数规定为不足 500 人是符合企业发展规律，可以适应并紧跟公司发展步伐的，在国外一些发达国家的中小企业职工人数也大体如此。这一要求既符合科技型企业当前发展的需求，也符合我国现阶段经济发展需要。至于企业的销售额情况，当前我国新兴的企业销售总额一般不会超过 2 亿元。

---

① 创新基金管理中心受理处. 关于科技型中小企业界定标准的研究报告 [Z]. 2013.

据数据分析，在七年前我国全年总收入在 1 亿元以下的企业占到了绝大多数，超过 1 亿元的企业不足总企业数量的 3%，全年总收入超过 10 亿元以上的企业更是少之又少，占总企业数量的比例不足 1%。① 由此我们可以看出，现阶段如果把中小企业标准定为 1 亿元以下显得过低，而定在 10 亿元则又显得格外高，不符合当前我国经济发展形势。当前我国科技型企业主要集中在制造业领域，新兴的中小型企业中，工业型企业的总资产额为 4 亿元左右。而经数据调查，民营科技企业总资产在 2 亿元以下的企业数据占了九成以上，而这一数字相对比较稳定，所以笔者认为，科技型中小企业的总资产和可以界定在 2 亿元以下，具体可以根据实际情况酌量进行调整。

综上所述，本书将科技型中小企业界定为企业员工总人数不超过 500 人（其中专科及以上学历的员工占员工总人数的 30% 及以上），年销售总额及公司总资产不超过 2 亿元的，主要从事高新技术研究和开发、生产转化及销售经营的中小企业。

## 二、我国科技型中小企业的发展情况

近几年来，科技型中小企业在我国经济发展的过程中起到了重要的作用。该类型企业不仅可以使科技成果转化的步伐加快，而且可以带动创新和经济的发展。1978 年以来，我国市场经济飞速发展，这也为科技型中小企业铺平道路做足了准备，因此当今的科技型中小企业有了飞速的发展，这类企业从质与量上都为我国的经济发展贡献了重要的力量，其作为技术创新的新生力量，在我国自主知识产权的开拓中发挥着重要的作用。我国首家科技型中小企业要从 38 年前的北京中关村开始说起，该企业的发展并非一帆风顺，主要经历了初级创业阶段和二次创业阶段，目前已开始飞速增长，成为推动区域经济的重要力量，其主要的作用不仅体现在我国现阶段的经济体制改革中，更成为了我国科技成果创新转化的推动力。为北京地区的区域体制创新贡献了重要力量，其发挥的作用不可估量。

科技型中小企业在我国经济发展中起着至关重要的作用：第一，由于其在创业初期没有较多的资本投入，可以在较短周期内将较少的资本投入

---

① 创新基金管理中心受理处. 关于科技型中小企业界定标准的研究报告［Z］. 2013.

转化成收入；第二，该类型企业的特点是比较灵活，在项目计划调整方面有着较大的优势，可以适应市场的需求，同时由于其规模小，更容易在大企业的夹缝中创造更多的生存空间，对一个国家的经济发展作用巨大；第三，科技型中小企业在创新和技术的开拓方面有着积极的动力作用，该类企业普遍具有资金少、运作灵活、富有创造力等特点，这足以弥补其竞争风险的问题。在激烈的市场竞争中迅速适应市场，并生产出符合市场发展的新产品。

上文已阐明，当前形势下，我国的科技型中小企业飞速发展，其整体处于不断前进上升的过程。虽然在我国科技型中小企业的发展起步较晚，但并没有阻挡其蓬勃发展的势头，该类型企业在我国宛如找到了适应其发展的生命土壤，找到如沐春风般的无限前进的动力。笔者将对其主要的发展情况做以下说明：当前具有强大生命力的科研生产企业大多是从制造业中脱胎换骨而来的。在过去的日子里，中小企业基本无法与现代化的大企业竞争，从而它们要面对的是市场的淘汰。而现在这些致力于开发新工艺、新产品、新服务、新技能的新型企业其发展步伐又领跑在大企业之前。据英国小企业协会调查报告：就创新技术成果而言，科技型中小企业的创新能力比大企业要高。它们对创新技术投入也高于一般大企业。除此之外，美国商务部的材料：在美国的重大创新项目中一些小企业发明的项目占到了总发明项目的1/4。当今时代的飞速发展一定少不了科技型中小企业的贡献。科技型中小企业的优势就在于专业的技术优质的服务，以及不断吸引眼球的新产品的诞生。在我国，科技型中小企业的发展潜能无限巨大，主要原因在于它们不断提升自己的发展潜力，形成了自己独特的竞争优势。中小企业的规模使它们便于管理。责任明确的划分，让它们的员工意识到每个人都应尽到应有的责任，这一举措，大大推动了员工的积极性，使员工应有的创造力得到了极大的发挥。此外，中小企业的规模能够适应市场的发展，它们具有敏锐的洞察力和观察力，这使它们能够迅速地反映市场的需求，针对消费者的需求来制造产品。除此之外，科技型中小企业在面对金融危机时可以做出从容的应对，这源于它们拥有固定的市场和消费者。而且在21世纪的今天，科技型中小企业完全有优势通过互联网对它们的产品进行开发和宣传，其生产的产品可以遍布世界各地满足全世界消费者的需求，它们还可以利用互联网的便利，与大型的人力财力公司进行国际间的交流与合作，由此来不断完善并增强自身的技术力量。

近几年来，我国科技型中小企业持续不断地健康发展，对我国经济增长的推动力越来越大。相关数据分析表明，我国中小企业的数额已经占到了全国总企业数额的九成以上，其经济增长贡献率更是稳中有升，是拉动我国经济增长的重要推动力。中小企业不仅在我国经济发展中起到了重要的作用，而且在从事跨国投资的经营业务中，中小企业占到了八成以上，这极大地带动了全球经济的发展。众所周知，当今时代的大企业都是从中小企业起步并不断地发展而来。科技型中小企业更是其中的主力军。我国知名品牌如海尔、海信、华为等都是其中的典型代表，它们用科技创新的发展为我们展示了科技型中小企业不仅可以推动技术创新的发展，而且还可以带动整个世界的经济不断向前发展。在我国，科技型中小企业在知识产权和科学技术创新能力方面做出了近七成以上突出贡献。它们在科学技术创新和知识产权等领域扮演着活跃的积极分子的角色。俗话说：科学技术是第一生产力。它们的创造与开发完美地诠释了这一方面。当前，我国大力倡导去产能、调结构的相关政策，而科技中小企业在这方面担当着领头羊的作用，它们利用较低的产能生产出了高质量的产品。它们利用文化创意进行不断的产品创新与开发，这不仅弘扬了我国优秀的传统文化，也从某种程度上创造了崭新的就业平台，早已成为我国自主创新体系中的重要组成部分。我国政府也在经济方面大力支持科技型中小企业的创新与发展，科技部的创新基金就是支持其发展的典型代表。从全局上来讲，科技型中小企业在我国分布不均发展不平衡的态势已十分明显，大体表现为在经济发达地区，该类型的企业分布较多，而经济落后的地区，则很难找到类似企业的身影。毋庸置疑的是：科技中小企业极大地带动了发达地区的经济。其典型代表主要为上海、山东与江苏。未来的科技型中小企业要注意统筹兼顾的发展。虽然目前我国实力最强的民营科技企业集中在华东地区，但在其他地区也有一些省市的民营科技企业在资金和科技水平上都不亚于华东地区。从整体而言，这一块实力比较弱的是西南和西北地区，这两个地区，除了四川、重庆和陕西三个省市以外，其他省市的实力都需要得到一个较大幅度的提升。这两个地区由于基础设施、人力资源及相关产业链等原因，使得很多科技型中小企业难以得到较大的发展，而想要使这一情况得到改善首先要做的就是重视科技型中小企业的发展问题。

## 三、我国科技型中小企业发展的本质

科技型中小企业是我国高新技术产业发展的一股重要力量，在整个国民经济持续稳定快速发展的形势下越来越受到人们的关注。在新的历史时期，科技型中小企业作为科技创新的主体之一，已经成为我国经济发展的一个重要组成部分，其发展的本质是高创新、高风险和高成长。

### （一）高创新

所谓的科技型中小企业，其主体是科技人员，所经营的领域首先是研发高科技产品或开发技术，再将研发的产品投入生产后推广到市场或将开发的技术应用于市场，这就意味着科学技术最终转化为了商品。该类型企业属于知识密集型企业，其运营原则是以市场为主导，从资金到发展都是自主性的。简单来说，创新是科技型中小企业发展的命脉，因此对于科技型中小企业来说，最重要的特征就是高创新。科技型中小企业的优势是自身灵活、制度政策相对宽松等，同时，该类型企业和大部分的学校、科研院所、科研机构都能形成长期稳定的合作关系，并且相对于其他类型企业，科技型中小企业的研发投入占比较高，容易形成推动企业持续发展的创新机制。

科技型中小企业同时具有"科技型"和"中小"两大特点，因此必然有其独特的发展之道。另外，高新技术产品自身也具有产品周期短和技术更新快的特征，所以，对我国科技型中小企业来说，必须抓住创新这一安身立命之本，采取有效的创新策略，以此为基础来实现企业快速持续地发展。根据创新强度的不同，创新也可以分为渐进性和突破性；而根据创新对象的不同，创新也可分为技术、管理、制度及市场四个方面的创新。国内科技型中小企业的发展多采取渐进性创新和突破性创新相结合的创新策略，将两种策略同时运用于企业的技术创新、管理创新、制度创新和市场创新四个方面。所谓的渐进性创新指的是对已有的技术进行渐进和连续的改进，长期积累下去，量变最终引起质变，由小创新变为大创新。渐进性创新的一个突出特征是在某一时间点它所带来的成果可能并不足够凸显，但是其所带来的效应是累积性的。与渐进性创新相对的是突破性创新，这一创新的特征是其所作出的改变往往能改变既定的发展轨道，也许其暂时无法满足客户的当前需求。突破性创新的一个重要前提是必须要有突破性技术的产生，而且产生的效果也是跳跃式的，往往会使整个产业链都产生巨大的震荡及变革。实际上，技术、管理、制度及市场四个层面上的创新都有可能会体现出这两种不同的创新形态。

## （二）高风险

知识经济的诞生离不开科技领域高速的创新，而知识经济下科技型中小企业将会面临更多的风险，其中风险包括财务、技术和市场三个方面，这些风险的产生主要是缘于在研制开发阶段的高投入，一个高新技术项目开发的成功与否是受多方面的因素制约的，包括经济、科技、思路及人员和管理水平等，具有很大的不确定性，这也就决定了高新技术产品的生命周期不可能很长，而且会越来越短。所以，一旦技术上的创新不能够持续进行或者没有找到正确的道路，将会对企业造成毁灭性的打击。高科技企业的技术创新是一种高风险的活动，而其中财务风险是系数最高的。企业在进行一系列财务活动时，由于受各种内部和外部难以控制的因素的影响，企业实际上的财务运作结果可能跟预期有较大的偏差，从而给企业造成损失，这就是所谓的财务风险。对于科技型中小企业，这种风险是指因财务状况的不断恶化，企业的投资和预期报酬无法回收从而导致财务受损。科技型中小企业与其他企业相比表现出突出的创新性，由于其具有高创新、高风险和高成长的特点，而其中高创新又呈现高投入和高收益等特征，它对于资金的需求经常呈现几何级数增长，资金需求持续性强，频率高，这就造成科技型中小企业更易受到财务风险的威胁。由于技术创新带来的不确定因素，科技型中小企业面临的风险越来越多，但其中表现最为突出的是市场风险和财务风险：第一，企业在不断地创新技术及产品的同时，市场占有率和品牌影响力均较低，两个因素明显加大了企业进入市场的难度，这就加大了企业的市场风险。第二，科技型中小企业为了在创新中求发展，不断地加大创新投入的力度，但由于企业自身规模小和融资难，得不到政府和银行的资金支持。高投入可能带来高收益，但如果经济价值无法转化，丧失技术优势，就有可能出现财务风险甚至危机。

## （三）高成长

由于科技型中小企业的产品具有高技术性和高竞争力的优点，而且在经营机制和理念上具有高度的灵活性和创新性，从而使科技型中小企业能够高速成长起来。从本质上来说，科技型企业是一个学习型组织，由于发展阶段的原因，我国在高新技术企业的发展方面和发达国家还有着很大的差距，所以学习这些先进的企业模式是国内科技型中小企业快速发展的一条捷径。我们可以看到很多的科技型中小企业都是在模仿和学习的过程中慢慢发展起来的。科技型中小企业的另一个重要特征是其生产组织主要采取的是分包的形式，因此具有灵活和适应性高的优点，可以时刻抓住市场的导向，不断地开发出具有市场竞争力的产品，从而能够在知识经济市场下高速发展，并始终处于一种领先的竞争地位。科技型中小企业的产品或服务一旦在市场上获得成功，由于技术诀窍、技术领先、知识产权的保护、品牌知名度等因素的影响，企业能有明显的市场份额，同时产品和服务的附加值较高，企业可以超常速成长。科技型中小企业不同于一般中小企业，能快速成长起来并最终实现企业健康、可持续成长，其原因在于科技型中小企业一般都是刚刚起步时，研究开发投入力度较大，并需要通过不断地创新和技术突破来增加企业的盈利性以获得高速和持续的成长。

## 第二节　创新驱动的相关理论

以创新驱动作为发展战略，是我国现阶段发展社会生产力与国民经济的重要原则性战略，我国应在各个方面努力贯彻实施这一伟大战略，以创新推动社会生产力与国民经济发展，力求在 2020 年构建创新型的社会主义现代化国家。对于发展我国的国民经济而言，创新的关键要素在于培育具有创新能力的主体，培养我国的企业形成自主的创新机制，因而怎样发展企业的科技创新能力，大力促进创新型、科技型企业在发展国民经济中应当起到的重要作用，就成为我国现阶段社会主义建设工作的关键性问题。要实现创新型国家的建设，首先要实施创新驱动发展战略，同时着力培育科技型和创新型企业等自主创新主体。企业是创新的主体，而科技型中小企业是其中最为活跃的一类群体。

## 一、创新的概念

创新，作为一个概念来说，它指的是一种人类行为，是人类利用现存的自然和社会要素来创造新的生产资料的行为。美国经济学家熊彼特在其1912年出版的著作《经济发展概论》中第一次在经济学的意义上提出创新这一概念。他指出，所谓的创新就是把一种新的生产要素和条件的"新结合"引入到生产体系当中。在他的创新理论中共包括四种创新形式：①引进新的产品；②引进新的生产方法；③开辟新的市场；④获得原材料和半成品的新的供应来源。他的创新概念涉及范围非常广，包括技术和非技术创新两大创新类别。到了20世纪60年代，新技术革命迅猛发展，美国经济学家华尔特·罗斯托对创新这一概念进行了进一步的发展，他提出创新的核心就是"技术创新"。进入21世纪以来，随着信息技术突飞猛进地发展，创新被进一步反思，现在一般认为，技术创新是一个科技和经济的共同体，是技术进步与应用的有机结合，在当今知识经济的大背景下，以人的需求为市场导向的新的创新理念得到进一步发展。《复杂性科学视野下的科技创新》指出技术创新是各个创新主体与创新要素之间相互结合的产物，是技术进步与应用创新的"双螺旋结构"共同演进的产物；社会形态的变革受到了信息技术发展的极大推动，由此而诞生了知识社会，传统的实验室与现实世界之间的边界变得模糊，科技创新模式开始成为共同和开放创新的平台，通过创新双螺旋结构的呼应与互动形成有利于创新涌现的创新生态，打造以人为本的创新模式。

## 二、创新驱动发展战略

创新驱动这一概念最早是由管理学家迈克尔·波特提出的，他以钻石理论为研究工具，以竞争优势来考察经济表现，以竞争现象作为研究的对象，从中分析经济的发展过程，总结出国家的经济发展共有四个阶段：投资驱动（Investment-driven）阶段、生产要素驱动（Factor-driven）阶段、创新驱动（Innovation-driven）阶段和财富驱动（Wealth-driven）阶段。创新驱动的实质是科技创新，而科技创新：一是来自大学、科研院所及科技型企业的科学新发现所产生的原创性创新成果；二是通过引进先进技术，消化吸收并对该技术进行创新。产业创新所形成的新型产业体系构成了创新驱动的主要内容，科技创新构建了完备的技术创新体系，以产品创新来形成一个新的市场及经济增长点，同时制度创新为经济发展提供必要的保障，并与战略创新一起构成一个相互协作的创新体系。自主创新应该作为我国创新驱动的重点来予以关注，既可以是本土化的创新，也可以是对外来的创新模式的消化吸收。当前，必须要将创新的设计和开展置于全球视野之中，重点是加快创新驱动发展的进程，从而形成一种经济发展的新方式。创新驱动发展共有两个战略层面的意义：①科技创新是中国未来经济发展的必由之路；②创新是为了实践，而不仅仅停留于理论层面。

实施创新驱动这一经济发展战略，对于我国长期的发展和在世界市场经济竞争中立足具有深刻的意义。自改革开放以来，劳动力和资源环境的低成本是我国经济快速发展的主要推手。而进入新的经济发展时期，这种低成本的优势正在逐步被取代。在当今知识经济的大环境下，只有科技创新才是一个国家经济发展和提升竞争力的不竭动力和手段。同时，创新驱动发展战略还深刻影响着我国经济发展方式转变的进程。经过研究发现，科技创新具有一种乘积效应，因为科技不仅可以直接转化为生产力而创造出价值，而且在科技的作用之下，各个生产要素的生产力也会得到很大的提升，从而使得全社会的生产力得到整体的提升，进而使我国的经济增长的质量和效益都产生质的飞跃，从而促进经济发展模式的转变。创新驱动发展战略另一个重大的现实意义在于对生态文明建设的推动。科技的进步必然会带来资源消耗和生产成本的降低，从而对生态环境的改善具有很大的推动。因此，用高新技术来对传统的产业生产模式进行改造和升级，从而减少对环境的污染和伤害，从客观上，也进一步提高了传统产业的竞争力。

## 三、创新驱动发展的本质内容

"战略"有广义和狭义之分。其狭义源于军事学的术语，是指对战争全局的筹划和指导。其广义是泛指重大的、带全局性或决定全局的谋划，是政党、国家规定的一定历史时期内的全局性的方针任务。"发展战略"是指对发展全局的整体规律的运筹和谋划，以便确定主要的发展方向或发展重点，从而指导实践，以实现其发展目标，它贯穿于整个发展的过程之中，并且决定着未来发展的方向。而"创新驱动发展战略"的核心内容就是以创新为中心动力来发展。创新是获得发展的根本动力，而自主创新又是创新的根本。要想实现这一发展策略就需要最大限度地发挥出科技对于经济的导向和支撑作用，大幅度地提升科技进步对经济发展的贡献，从而提升我国的经济竞争力。所以，提升自主创新能力是这一战略能够成功的关键所在。自主创新包括原始创新、集成创新和消化吸收后的再创新，其着力点应放在观念创新、理论创新和科技创新上。当前，我国自主创新能力薄弱，缺乏拥有自主知识产权的核心技术，很多产业处于国际产业链的中低端，消耗大、利润低，受制于人，常常使我们处于被动局面，也为此付出了沉重的代价。要想在日趋激烈的国际市场竞争中得以立足，自主创新能力是最重要的一个武器。但是，自主创新并非只是一个空洞的口号，提高自主创新能力需要全社会的重视和贯彻，应从经济实力、政策体制和创新型人才三个方面加强努力。

# 第三节 财务风险的相关理论

随着当今经济全球化进程的不断发展，科技型中小企业成为推动世界科技与经济发展的不竭动力。但是在市场竞争日趋激烈的今天，科技型中小企业面临着巨大的财务风险，经常陷入财务危机中，迫切需要建立有效的财务风险控制体系。

## 一、财务风险的定义和特征

财务风险对于一家公司来说是一种最常见的风险，财务结构的不合理及融资不当等都可能会导致这一风险的发生。财务风险是企业在财务管理过程中必须面对的一个现实问题，财务风险是客观存在的，企业管理者只能尽自己所能来降低财务风险，却绝对无法完全规避这一风险。"财务风险分为广义的财务风险和狭义的财务风险。狭义的财务风险指产生损失的不确定性。广义的财务风险不仅包含损失的不确定性，还包括盈利的不确定性，总之广义的财务风险就是不确定性，既可能是威胁，也可能是损失"。①企业的整个生产经营过程充满了财务风险，其主要特征是客观性、全面性、不确定性及收益与损失共存性。

## 二、财务风险与会计要素的关系

### （一）资产与财务风险

一个公司的资产包括公司所控制的各种生产要素，它也是一家公司能够创造财富收益的经济资源。因此，企业收益必然会受到企业资产增减的影响。企业的资产可以根据其流动性及周转的快慢而划分为流动资产和固定资产，它们共同构成了企业的资产结构。这两种不同资产类型的构成比例根据企业类别的不同而不同，资产结构的不合理会大幅度降低企业的收益，而收益的降低往往又会带来企业财务风险。

### （二）负债与财务风险

负债是一个企业所承担的一种货币化的经济责任，负债额的增加也会带来企业偿债风险的提高，而根据企业偿债期限的不同可以将负债分为长期和短期负债，而它们则共同构成了企业的负债结构。一般来说，负债结构应该与企业的资产结构相适应，一旦两者不相符，就是不合理的负债结构，从而就会增加企业的财务风险。

### （三）权益与财务风险

权益指的是投资者对企业所拥有的净资产所保有的所有权，所谓的净资产就是除去负债之后企业资产的剩余值，权益可以视为一个企业偿债能力的量度，所以权益的减少也就意味着企业偿债能力的下降。权益是根据投资者类型的不同而进行划分的，一般可以分为国家股、集体股、公众股、法人股和外资股等几种类型，它们构成了企业的权益结构，现代企业的内部治理结构受到权益结构的直接影响，而治理结构又影响着企业运行的效率，效率影响效益。所以，权益结构的变化会带来企业效益的波动，进而

---

① 骆安琪. 我国房地产企业财务风险评估 ［D］. 南昌：华东交通大学硕士学位论文，2016.

影响着公司财务风险的变化。

### (四) 收入与财务风险

收入指的是企业在经营活动中一定时期内的现金流入额度、资产增加或者债务的偿还，它是企业收益最直观的体现，而收入是一个企业能够维持下去的最基本前提，一旦收入减少，不仅会对企业的进一步发展造成影响，更严重的可能会直接影响企业的生存。企业从事经营活动和从事资本经营活动取得的收入共同构成了企业的收入结构，两者存在一定的比例关系，在企业的资产结构固定不变的前提下，企业收入结构的变动反映出其创造收益能力的变化，一旦这一变化跟预期存在较大的差别，就有可能提高企业的财务风险。

### (五) 费用与财务风险

企业在其所进行的各类经营活动中都会产生一定的耗费，这一耗费就是所谓的费用，与收入正好相反，它是企业在一定时期内现金的流出、资产的减少或负债的增加，费用是企业经营活动中必然会产生的，它是企业生产经营成本的一种。费用的变化也会影响着企业的收益，费用也可划分为两种类型，一种称为制造成本，另一种称为期间费用，企业的费用结构由这两者以一定的比例关系共同构成，费用结构的不确定性变化能够表现出企业经营效率的变化，进而也能够影响着企业财务风险的变化。

### (六) 利润与财务风险

企业的收入和费用之间会形成一个差额，这一差额就是企业的利润，它是企业经营的最终成果，也是一个企业存在和发展下去的动力。利润可分为形成和分配两个结构，两者共同构成了企业的利润结构，形成结构反映出企业在经营活动中获取利润的能力，而分配结构则体现出各个利益主体对利润的占有情况，利润结构能够反映出企业持续发展的动力情况，利润结构的变化也会影响企业财务情况的变化。

## 三、财务风险的成因

企业财务风险的成因主要包括企业管理者缺乏风险防范意识，企业内部财务关系不明确，财务经营管理不当，以及外部环境因素的影响。

### （一）管理者缺乏风险防范意识

财务风险是伴随着财务活动而产生的，但大部分企业的管理者缺乏风险防范的意识，经常忽略财务风险，并没有认识到财务风险是客观存在的，这就导致企业经常会发生财务危机，如信用销售带来坏账的风险，产品积压带来成本增加的风险，以及因原材料供应市场变化而导致停工待料的风险，这些都和管理者缺乏风险防范意识有关。

### （二）内部财务关系不明确

企业财务风险的产生很大一部分是由企业内部财务关系不够明确所导致的，各个职能部门和上级决策部门在资金的管理使用及利益的分配等方面没有一个清晰的权责划分，从而导致企业的资金使用率很低，进而也无法保障资金的安全性和完整性。财务活动贯穿企业活动的全过程，必须合理地运作。

### （三）财务经营管理不当

由于企业的决策层往往没有一个足够的科学分析，往往会造成一些非理性的投资决策的产生，而投资决策的失误会直接导致企业的收益下降，甚至会低于企业筹资的成本，这样会造成企业盈利性、流动性和偿债性等多方面能力下降，从而增大了企业的财务风险。这一点也是大多数企业财务风险产生的主要原因。

### （四）外部环境因素的影响

财务管理不仅受企业内部各因素的影响，也受到各种外部环境的影响，这一外部环境包括国家的宏观经济状况及各种社会环境等因素。而这些外部环境是不以企业的意志为转移的，企业的财务管理活动受到这一环境因素的巨大影响。尤其是在国际化背景下产生的公司，企业面临的外部因素更加复杂和多变，如政党冲突、宗教冲突等社会、文化因素增大了企业风险产生的可能性。

# 第四节　企业生命周期的相关理论

企业的生命周期是指每一个企业都一定会经历初创、成长、成熟、衰退这四个阶段。对于生命周期的认识主要分为两种：一种是机械的市场发展观，这是一种比较传统的认识；另一种是以顾客的需求为导向，以不同的技术和产品来满足顾客的需求。

## 一、产品/行业生命周期

对于一个企业根据自己所处的生命周期来制定相应的发展战略来说，产品/行业生命周期是一种行之有效的方法。这种方法假设企业在生命周期的不同阶段是处于不同的竞争状况之中的。同时，企业需要大量投资用于开发具有更好质量和大众化价格的产品，这又会侵蚀利润。在这一方法之中，由于做出了事物必然会沿着既定的生命周期发展的假设，因而可能会导致僵化和机械的认识。

## 二、需求生命周期

生命周期概念更有建设性的应用是需求生命周期理论。这个理论假定顾客的特定需求需要得到满足，比如娱乐、社交、教育等。而不同时期的不同要求又需要不同的产品来满足，人类社会在不断地发展，而技术也在不断地进步着，消费者的喜好也会随着时代的变迁而不断变化，因此不能固守着以往的产品图景，而应努力开发出能够满足顾客需求的产品来。

# 第五节 创新驱动背景下科技型中小企业财务风险的理论框架

基于对科技型中小企业、创新驱动、财务风险及生命周期等相关概念的界定和分析，笔者认为它们之间存在紧密的关联。科技型中小企业的根本任务是实现创新，创新驱动发展战略为科技型中小企业提供有利的平台，企业家能否识别财务风险并做出应对，是科技型中小企业实现创新的关键，而财务风险的应对应该是一个系统的动态过程，因而有必要把科技型中小企业、创新驱动、财务风险和生命周期理论结合起来进行深入研究。

## 一、从创新驱动视角研究科技型中小企业发展的必要性和可行性

以创新驱动作为发展战略，是现阶段我国发展社会生产力与国民经济的重要原则性战略，我国应在各个方面努力贯彻实施这一伟大战略，以创新推动社会生产力与国民经济的发展，力求构建创新型的社会主义现代化国家。对于发展我国的国民经济而言，创新的关键要素在于培育具有创新能力的主体，培养我国的企业形成自主的创新机制，因而怎样发展企业的科技创新能力，大力促进创新型、科技型企业在发展国民经济中应当起到的重要作用，就成为我国现阶段社会主义建设工作的关键性问题。一方面，科技型中小企业的发展建设是创新驱动发展战略实施的关键，也是重要的载体；另一方面，该类型企业肩负着实现创新型国家建设的重任，所以从创新驱动视角研究科技型中小企业发展具有必然性。在科技型中小企业相关理论研究部分，本书指出科技型中小企业在整个中小企业中占有重要地位，以其独特的创新行为和灵活的经营方式成为知识经济时代最具活力和最有潜质的微观经济主体和创新主体之一，所以如上文所述，科技型中小企业最重要也是最明显的特征就是高创新；而在创新驱动相关理论部分，本书指出"创新驱动发展战略"的根本性特征就是以创新作为发展的核心要素，而自主创新又是创新的中心点，最大化科技在社会经济发展过程中的推动作用，从而实现社会经济的可持续发展，提升综合国力。在要素驱

动或投资驱动发展模式下，科技型中小企业发展主要依靠规模扩张和资源能源消耗，形成低成本竞争优势。然而这样的发展模式难以形成可持续的竞争优势，实现价值链的攀升和企业的持续发展。因此，科技型中小企业依托科技人员来从事科学技术的研究开发活动，从而能够获得自主的知识产权并将科技转化为高新技术产品和服务，走创新之路，可持续发展是必然的，即由要素驱动或投资驱动发展模式升级为创新驱动发展模式，是科技型中小企业发展的前提和关键。这样，创新驱动发展模式成为科技型中小企业创新的前置条件，研究科技型中小企业发展问题必须从创新驱动角度切入。

创新驱动具有普适性，从创新驱动视角研究科技型中小企业发展具有可行性。在创新驱动相关理论研究部分，本书指出创新驱动的实质是科技创新。新型的产业体系的构建是创新驱动的主要内容，通过科技创新来形成完备的技术创新体系，以产品创新来创造经济新的增长点，从而为一个新的协同创新体系提供有力的保障。笔者认为，创新驱动体系是一个动态开放的创新功能系统，在创新环境影响作用下，通过多主体协同、多要素整合、多机制联动，以科技型中小企业为重要载体推动和实施创新驱动发展战略，从而实现创新型国家的建设。科技型中小企业以其独特的创新行为和灵活的经营方式成为知识经济时代最具活力和最有潜质的微观经济主体和创新主体之一，同样适用创新驱动一般规律，从创新驱动角度研究科技型中小企业发展具有可行性。同时，科技型中小企业由于兼具"科技型"和"中小"企业这两个方面的特点，其发展模式和企业行为必然有其独特之处。如高新技术产品具有周期短、技术更新快的特点，因此我国科技型中小企业多采取相应的创新策略，进行有效的创新，以实现企业持续而快速地发展。从全球范围来看，创新驱动是一个必然的趋势，科技创新是创新驱动的核心，而科技创新最主要的一个源头就是科技型企业的科学新发现所产生的原创性创新成果。对于发展我国的国民经济而言，创新的关键要素在于培育具有创新能力的主体，培养我国的企业形成自主的创新机制，因而怎样发展企业的科技创新能力，大力促进创新型、科技型企业在发展国民经济中应当起到的重要作用，就成为我国现阶段社会主义建设工作的关键性问题。企业是创新的主体，而科技型中小企业是其中最为活跃的一类群体，所以，创新驱动发展战略比较适合科技型中小企业的规模和特点。

## 二、科技型中小企业财务风险管理的重要性

如本章第一节所述，由于科技领域创新速度的加快，催生了知识经济的到来，使科技型中小企业在成长过程中面临着更多的风险，主要包括财务风险、技术风险、市场风险等，主要表现为研究与开发阶段一般投入较高，在高新技术及产品的开发过程中，项目是否能够研究开发成功存在着很大的不确定性，主要受经济发展、技术替代、设计思路和技术手段、人员素质、组织管理水平等诸多因素影响。高科技产品和技术由于科技更新换代较快，其生命周期一般较短，甚至从目前发展趋势来看越来越短。因此，一旦在技术创新上停滞不前，或者偏离了正确方向，企业就可能迅速遭到淘汰。高科技企业的技术创新是一种高风险的活动，而其中财务风险尤为显著。由于其具有高创新、高风险和高成长的特点，科技型中小企业与其他企业相比表现出突出的创新性，尤其是在创新驱动背景下，高创新又呈现高投入和高收益等特征，它对于资金的需求经常呈现几何级数增长，资金需求持续性强、频率高，这就造成科技型中小企业更易受到财务风险的威胁。

由于科技型中小企业自身的特点，导致其很难在金融市场上获得资金支持。我国的金融市场和西方国家相比较为不发达、并且监管力度很弱，同时由于信用评估体系的欠缺，导致金融机构不愿给规模小、信用低的科技型中小企业提供融资服务。虽然创业板和新三板专门为科技型中小企业创造融资条件，但始终进入门槛高，科技型中小企业融资难的问题仍然存在。同时，相较于大企业，科技型中小企业的财务风险意识普遍较弱，企业内部财务控制体系不健全，通常都没有设立专门的财务风险管理机构，所以对科技型中小企业财务风险进行有效的管理十分重要。

## 三、基于生命周期理论研究企业财务风险的重要性

每一个企业必然都会经历初创、成长、成熟、衰退这四个阶段，这是一个企业必然的发展轨迹，即企业的生命周期。当前阶段所构建起的企业生命周期理论就旨在为处于不同发展阶段的企业，设计符合其发展节点的组织结构形式，从企业的内部管理方面探索出一种能够保持企业发展能力

的最优模式，从而使企业的生命周期得到延长，最终实现企业的可持续发展。同时，财务风险对于一家公司来说是一种最常见的风险，财务结构的不合理及融资不当等都可能导致财务风险的发生，这是一个所有企业都必须面对的现实问题，是客观存在的，企业管理者只能尽自己所能来降低财务风险，却绝对无法完全规避这一风险。财务风险的客观存在性主要表现为财务风险无法回避也无法消除，同时不会随着人的意志转移而改变，只能通过各种识别与评价技术来应对财务风险。而且财务风险同时存在于企业的各种活动中，如筹资活动、投资活动和经营活动，所以财务风险也是不确定的。财务风险的不确定性表现为每个会计期间或者每个会计活动都有可能产生财务风险，但也有可能在整个会计循环中没有财务风险，同时，风险和收益是成正比的，风险越大收益越高，反之风险越低收益也就越低。

如上所述，生命周期是每个企业都必须经历的。是企业的生命线，对企业的生存发展至关重要，企业要想得到长期稳定的发展，就必须掌握生命周期四个阶段的规律，识别和评估在生命周期不同阶段可能遇到的各种风险，尤其是科技型中小企业的财务风险，才能延长企业的寿命并朝着良性的态势发展。基于对以往文献的梳理发现，目前，企业财务风险识别与评价研究仍处于初级阶段，主要是用静态的方式进行识别和评估，忽略了企业在生命周期不同阶段的特征及其对财务风险的影响，这就严重影响了企业财务风险识别和评估的准确性。所以，基于生命周期理论研究企业财务风险是十分关键的。

# 小　结

本章首先梳理了科技型中小企业的相关理论，主要包括科技型中小企业概念的界定、我国科技型中小企业的发展概况及发展本质，并指出我国科技型中小企业发展的本质是高创新、高风险和高成长。其次对创新驱动的相关理论进行了梳理，主要从创新的概念、创新驱动发展战略和创新驱动发展的本质三个方面构建了创新驱动的理论框架。关于财务风险的相关理论，本章从其定义、特征、成因及与会计要素的关系等方面阐述了财务风险管理的理论知识，同时进一步对企业生命周期进行了划分。基于对科技型中小企业创新驱动、财务风险和企业生命周期相关理论的梳理，本章建立了创新驱动背景下科技型中小企业财务风险研究的理论框架，其原因在于：首先，从创新驱动视角研究科技型中小企业发展问题具有必要性和可行性；其次，科技型中小企业发展面临的最大风险就是财务风险，根据企业生命周期理论分析阶段应对财务风险十分关键。

# 第四章 科技型中小企业财务风险分析及样本公司信息采集

本章首先分析科技型中小企业财务风险成因，主要从外部和内部两个方面进行分析，并基于外部和内部成因总结出几种主要的财务风险；其次引入企业生命周期理论，并进一步分析不同周期财务风险的主要体现；最后基于八家样本公司的选择，分析比较样本公司的总体情况。

## 第一节 科技型中小企业财务风险成因分析及风险类别

本书把财务风险成因分为两个方面，从外部成因和内部成因入手来进行分析。

### 一、外部成因

对于许多中小企业来说，它们的金融风险主要是由于外部环境的多变性和复杂性所造成的，这是主要的一个外部原因。所谓外部环境事实上就是除企业本身之外的相关外部因素的一个集合，尤其是指影响企业财务管理的一些条件，涉及法律制度、整个经济态势、金融市场的稳定性、社会发展方向和资源配置等相关方面。通过对许多科技型中小企业的经营现状进行实地考察和分析，从中可以发现，在现代企业制度的发展过程当中，主要是整体经济环境和金融市场的发展态势在影响企业的风险系数，造成不稳定性。经济环境是指企业开展金融活动的大背景下的经济条件、经济发展速度、经济波动程度、利率的变化和政府政策的调整等。金融市场环境是指证券市场，包括股票和债券的发行和交易。"由于科技型中小企业自身的特点，导致其很难在金融市场上获得资金支持。我国的金融市场和西方国家相比较为不发达，并且监管力度很弱，同时由于信用评估体系的欠缺，导致金融机构不愿给规模小、信用低的科技型中小企业提供融资服务。虽然创业板和新三板专门为科技型中小企业创造融资条件，但始终进入门槛高，科技型中小企业融资难的问题仍然存在。"① 其次是市场环境复杂，竞争激烈。当前全球经济环境是处于买方市场的态势，科技型中小企业不仅要时刻警惕竞争对手，还要为满足不同消费者的需求不断创新。市场环境的变化直接影响企业的盈利性，导致企业的财务状况不断恶化。

## 二、内部成因

内部成因主要包含以下六个方面：

### （一）科技型中小企业的企业性质决定其基本特征

在以技术为基础的中小企业当中，公司内部竞争十分激烈，管理方式单一，并且员工生存状态较差，对于这类企业来说，在创业初期依靠强有力的资金作为支撑，进入增长期后，它们必须增加大量资金。然而对于这类企业来说，它们普遍存在资金短缺、信用系数较低的问题，这样就导致银行所评估的企业风险较高，不容易得到贷款的机会。一旦发生业务错误，可能会出现严重的资金流动问题，这可能导致损失甚至破产。因此，这是中小企业面临的更大风险。随着中国改革开放步伐的不断深入，我国随之出现了许多的民营科技企业，但是在这么庞大的群体之中，却只有20%～30%的企业尚在发展。因此我们可以看出，以技术为基础的中小企业面临的风险还是很大的。

### （二）企业成员的防风险意识较薄弱

"科技型中小企业大多存在防风险意识较薄弱的问题，因为该类型企业大多属于家族企业并以家族的形式进行管理，家族成员并没有专业的会计和财务管理知识，管理者并不知道财务风险是客观存在的，并存在于整个企业经营管理的各个环节，无论是筹资活动、投资活动还是经营活动等公

---

① 刘杰. 创新型中小企业财务风险评价研究［D］. 武汉：武汉理工大学硕士学位论文，2013.

司的常规财务活动都有可能造成财务风险的发生，所以财务风险也是不确定的。财务风险在一定条件下、一定时期内有可能发生，也有可能不发生。不是只要盈利就代表没有财务风险"① 作为一个金融实体，企业必然面临金融风险。但是，对于现代企业来说，造成风险很重要的原因是企业内部员工风险意识薄弱，他们认为以科技为主导的中小企业虽然规模小、资金少，但属于科技类产业，能够灵活应对市场，掌握市场信息，在这样的优势下金融风险往往就会被忽略。自上而下，从高层管理人员到基层员工，财务风险的概念没有得到很好的实施。缺乏适当的市场风险防范意识，不能够综合考虑融资、投资、资本回收和利润分配的恰当性，从而带来金融风险。

### （三）企业内部财务体系不完善

一些以科技为主导的中小企业存在内部制度不完善或者是体系不健全的情形，其中包括预算管理系统、投资会计管理系统、材料检验收入管理系统、库存管理系统和会计内部监督系统等，要么不完善，要么没有合理的依据，特别是现金管理更加武断。现金未按照《现金管理暂行条例》的规定来使用。已建立系统的某些要素已经过时，不能在业务活动中引导新业务，导致实际执行困难，产生财务风险。科技型中小企业内部存在制度不完善或者是体系不健全的情形，比如预算决算、存货成本管理和现金流动管理等方面的制度形同虚设，对应收账款和应付账款的管理不到位，各个财务部门的职责不明确等。

### （四）企业决策体系不健全

当前，对于我国科技型中小企业来说，它们的财务决策一般存在实证决策和主观决策的情况，正是由于这两种不良决策方式所以会影响决策效果，导致决策失误，带来财务风险。例如，在决策中筹集资金，中小企业由于盲目筹资同时不考虑偿债能力，就可能导致债务到期偿还时由于资金流通不畅而破产。特别是在固定资产投资决策过程中，由于缺乏对投资项目可行性的认真分析和研究，加上缺乏全面的经济信息，决策流程不能严格遵守，决策方法不能做到科学可行，投资决策错误经常发生，给公司带来更大的财务风险。对于许多以科技为主导的中小企业而言，领导者往往

---

① 刘杰. 创新型中小企业财务风险评价研究［D］. 武汉：武汉理工大学硕士学位论文，2013.

高度集权，集经营权和管理权于一身，并且在进行投资决策时通常都依据主观判断。在筹集资金时只是通过主观的经验判断筹资金额而不通过专业的定量分析，导致高杠杆经营增加了筹资风险。当收益分配时，对股息红利和留存收益等分配缺乏切实可行的标准，也没有全面系统的分析。

**（五）企业信息披露机制有待提高**

基于技术的中小企业一般不愿意按照相关准则规定提供信息，因为该类型企业通常以相对封闭的方式运作且信息透明度不够好，即使提供了财务信息，也未经专业注册会计师验证。正因如此，才导致贷款人没有客观地评估中小企业的信用状况，不能客观地给中小企业提供贷款，增加了中小企业的融资风险。一些中小企业担心信息披露带来一系列的不良后果，不免会增加商业风险。因此，对于信息披露机制的建立完善缺乏热情，更或者由于公司本身能力不够良好，治理结构不完善，无法建立并完善信息公开机制。

**（六）财务部门结构简单，未设立专门的财务风险管理机构**

科技型中小企业的组织机构一般都不健全，常常将会计和出纳职能合为一体，没有明确的职责分工，完全没有建立系统科学的财务风险管理体系。甚至有的企业会计部门形同虚设，没有完善的会计记录和必要的会计信息，导致无法识别和评价财务风险。

## 三、主要风险类别

基于科技型中小企业财务风险的外部成因和内部成因，总结出以下几种主要的财务风险：

**（一）筹资风险**

融资风险是指由于资金总量和外部经济环境发生变动，企业融资对财务结果具有一定的不确定性。对于筹资风险来说，主要包括利率风险、再融资风险、财务杠杆、汇率风险和购买力风险等。金融市场的波动所带来的融资成本增加是利率风险；金融市场中的各种金融工具及企业自身融资结构的变化会导致企业再融资的不确定性，这就增加了再融资的难度；财务杠杆是指利用杠杆融资对利益相关人的利益造成的不稳定性；汇率风险是指由于外汇因素的变动而带来的财务方面的不稳定；而购买力风险是指融资变化对货币价值的影响。

## （二）投资风险

投资风险是指公司投入一定数量的资金后，由于市场需求变化，最终收益偏离预期收益的风险。投资风险有很多种，具体有利率风险、再投资风险、汇率风险、通胀风险、金融衍生品风险、道德风险、违约风险等诸多风险。

## （三）经营风险

经营风险是指企业在整个经营周期中的供给环节、生产环节和销售环节由于存在不确定性而导致企业的资金流动出现问题进而给企业带来价值变化的风险。经营风险主要包括采购风险、生产风险、存货管理风险和应收账款回收风险。采购风险主要是指因原材料供应不足而导致停工待料的风险，由于原材料市场的多变性，原材料供应存在不确定性；生产风险是指因直接原材料、直接人工、间接原材料和间接人工等变动而导致的影响生产过程，以及由于原材料不足而导致无法生产和存货不足而导致影响销售的风险；存货管理风险是指由于市场供求关系的变化而导致产品销售受到影响的风险；应收账款回收风险是指因信用销售而导致坏账可能性增加，以及信用期限到期无法还款而导致应收账款无法收回的风险。

## （四）流动性风险

流动性风险是指企业因资产不能获得将来的盈利和现金流及债务到期无法按时还款而导致资金流断裂的风险。从这个方面考虑，那么企业的流动性风险就应该从流动性和偿债能力两个方面来评估。如果公司的支付能力和偿付能力出现问题，那么这就被称为现金短缺或者是无力清偿风险。公司资产无法确定获得将来现金流的问题称为流动性风险。流动性风险的营运资金风险不容忽视。由于货币资本是企业发展壮大的必需资源，是企业生产经营的前提和条件，也是最容易出现漏洞的地方。其实，企业的货币资金管理应达到充分利用并优化配置的目的，而不仅仅只是对货币资金的流失、短缺、偷盗或挪用进行管理。如果货币资金管理体制分散、监控失衡，就无法在公司主要的三种活动（筹资活动、投资活动和经营活动）之间有效地分配现金，最终造成投资不当、筹资失控、经营不善、内部资金融通失调等风险。

### （五）存货风险

存货风险是指企业由于缺乏存货管理意识、管理机制而导致的存货周转缓慢、存在大量库存受损的威胁。留存一定比例的库存商品对于公司正常的生产经营非常重要，比如公司遇到加急订单或紧急采购等情况。但是，具体留存多少库存商品是一个问题。留存过多会导致库存商品积压，占用公司资金而得不到最大程度的发挥，并且风险较大；但是如果太少也可能导致原材料供应不能及时配合生产，影响企业的正常生产经营，甚至会因无法按期交货而导致企业信誉受损。

### （六）资金回收风险

资金回收风险实质上是应收账款的回收风险，是指企业在获得收益的情况下，因销售收入确认原则的不同而产生的财务风险。在权责发生机制下，销售收入较高或者最终的净利润较高并不代表较多的资金回收。信用销售或者叫作赊销作为繁荣市场的助推器，已经被大部分企业广泛使用，其可以扩大企业的销售，但同时也加大了企业的应收账款回收风险，导致大量的应收账款长期无法收回，坏账的可能性不断增加，资金回收风险越来越显著。

### （七）收益分配风险

收益分配不当可能给企业的经营和管理带来不利影响，这就是收益分配风险。收益分配包括股息红利发放和留存收益两个科目。股息红利发放是投资者权益的保障，留存收益是扩大投资规模的来源，两者相互联系但又存在矛盾。如果企业想要进一步扩大生产和销售规模，就必须购置大量机器设备和厂房仓库等固定资产，这就导致留存收益的增加和股息红利的减少，因此可能影响企业的股票价值，由此形成企业收益分配风险。

# 第二节　科技型中小企业生命周期各阶段财务风险

　　每一个企业都会经历从初创、成长成熟到最后衰退的过程，这就是企业的生命周期理论。一家以科技为主导的中小企业，其发展过程就如同一个生物一样，需要经历从出生到衰退的整个过程，其发展方式是完全符合企业生命周期的，不过一般由于中小企业的一些基本特点，诸如以科技为主导，技术含量高，创新能力强，风险和盈利成正比，高风险同时高收益，所以中小企业在生命周期的不同阶段都会呈现不同的特点。本书将科技型中小企业的生命周期分为四个阶段，即种子和初创、成长、成熟和衰退期。如图 4-1 所示，企业生命周期不同阶段，经营活动、投资活动和筹资活动对现金流影响存在较大差异，所以四个阶段的财务风险各有不同。

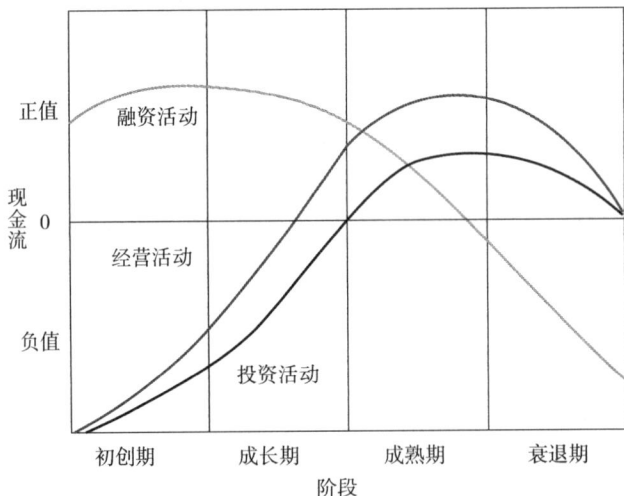

图 4-1　企业生命周期各个阶段对现金流的影响

## 一、种子期和初创期

　　所谓种子期就是指一个企业的萌生期，无论是技术还是创意都还未形成，但又有某一点点的零星想法存在，所有的一切都尚未在外部以完整的组织形式呈现。在这个阶段，中小企业面临的主要任务是尽快将这些创意和想法形成具体的一些实施措施，对于科技型中小企业而言，首当其冲的就是要突破技术上的一些阻碍。最主要的途径就是坚持技术研发。一方面，中小企业需要持续投入资金来支持技术研发；另一方面，研究项目仍处于测试的初始阶段，技术存在较大风险，未来的开发资本来源不确定。在种子阶段，公司只有简单的业务运营和组织结构及为数不多的员工，所需的资金数额并不大。因此，科技型中小企业在种子阶段的融资需求很小，但融资风险又很高。在这个过程当中，中小企业既没有信息积累也没有信息外漏，只有项目计划和项目的相关报告。在这种情况下，在企业与外部投资者之间将会存在极其不协调的利益关系，信息不对称，受到许多制约。

初期阶段的企业已完成产品开发和试用生产，随之将会一点点发展成为具有生产经营能力和严格组织结构的一个经济组织。科技型中小企业在初期阶段的主要任务是把握时间和市场将这些科研成果加工成为市场所需商品，从而打开自己的市场。公司销售过程当中，需要资金来为市场的发展打好基础，不仅如此，还需要建立正规完整的生产线。因为短暂的市场机会和快速的产品升级，现阶段中小企业的融资需求庞大且耗时。在初期阶段的科技型中小企业中，金融体系才刚刚建立，各种公司治理体系还不成熟，信息机制仍然亟待完善。此外，刚刚成功开发的产品还没有在市场上获得自己的地位，商品交易记录也没有一个准确的记载。所以说在这个阶段，虽然企业的产品已经被成功开发，但是对于投资者而言，他们在此阶段则更加关心项目的具体实施计划和准确的报告信息。中小企业和投资者仍面临严重的信息错位的现象。

## 二、成长期

处于成长阶段的企业已初具规模，已经具有了一定的生产能力，生产规模也在以一定的速度持续扩大，市场占有率也与其一同扩大，已成为一个更有组织的经济实体。科技型中小企业在成长阶段的主要发展途径就是通过拓宽自己的营销渠道来扩大自己的业务，由此来提升消费者对于产品的满意度，并由此提升产品的口碑。公司的主要活动是促进营销和扩大生产。一方面，公司需要大量资金作为支持来进行多个方面的营销策略，既有线上也有线下；另一方面，企业也需要大批资金来扩大规模，需要购买原材料及先进设备来支持生产。所以，与初始阶段相比，增长期所需的资金量甚至更大。在以增长为导向的中小企业中，公司治理体系刚刚确立，对于财务信息和相关的商业信息的记录已经有了一定的备录，但初期信息机制还不够成熟，且质量较差，再加上中小企业在科学技术方面对保密性存在较高要求，在这样的情况下，也带给投资者带来更大的信息获取成本。

## 三、成熟期

所谓成熟期就是指企业在生产和销售中平稳增长，达到顶峰，形成良好的产品口碑，占有相当的市场比率，稳定盈利的时期。科技型中小企业这一阶段的主要发展方向就是保持企业发展的良好态势，通过在管理方面的创新来取得理想结果。生产规模的高峰和管理活动的大量投资使资本需求达到整个生命阶段的最高层次。在成熟阶段，中小企业的信息机制得到了一定程度的改善，极大地缓解了投资者与企业之间的信息不对称，企业信息朝着透明化方向发展。

## 四、衰退期

经济衰退期是公司生产和销售逐渐下降及利润下降的时期。这一阶段的科技中小企业的主要任务是降低企业衰落的步伐，并试图找到第二次创业的突破口和契机。在这个阶段最主要的活动是改进技术提高管理。缩小生产规模，精简企业管理，这些都是在经济衰弱期的重要举措，这会大大降低科技型企业的融资需求。在这个过程当中，为了保持自己的投资优势，保持自己在投资者心目中的形象，这类科技型中小型企业可能会对信息进行防披露处理。总而言之，在这个阶段当中，信息传输成本低，渠道开阔，但信息质量不佳。

# 第三节　样本公司概况

基于科技型中小企业财务风险外部和内部成因，以及企业生命周期四个阶段财务风险的不同特征，本节通过分析样本公司各自的发展情况初步归纳出五种常见的财务风险。

## 一、样本选择

根据本书对科技型中小企业的界定，企业员工总人数不超过 500 人（其中专科及以上学历的员工占员工总人数的 30% 及以上），年销售总额及公司总资产不超过两亿元的，主要从事高新技术研究和开发、生产转化及销售经营的中小企业，笔者筛选出八家符合要求的企业作为本书的研究对象，分别为：大晟文化、盈方微、天润数娱、南华仪器、迅游科技、集智股份、会畅通讯及民德电子；同时，通过八家企业披露的财务报告附录，可以看出这八家科技型中小企业在近几年的发展过程中都体现出积极响应国家提出的创新驱动发展战略。

## 二、样本企业基本情况比较

科技型中小企业分布于各行各业，其发展规模与发展速度存在行业差异，所以本书对八家科技型中小企业进行行业分类，比较行业间的发展速度。

### （一）行业分布比较

截至 2017 年底，全国符合要求的上市公司共八家，其中在上海证券交易所上市的有一家，在深圳证券交易所上市的有七家。如表 4-1 所示，科技型中小企业行业分布较为集中，分布于信息技术行业、通信设备行业与仪器仪表行业。

表 4-1    科技型中小企业行业分布

| 行业 | 数量 | 证券简称 |
|------|------|----------|
| 信息技术 | 4 | 大晟文化、天润数娱、迅游科技、会畅通讯 |
| 通信设备 | 2 | 盈方微、民德电子 |
| 仪器仪表 | 2 | 南华仪器、集智股份 |

### (二) 行业发展对比

销售收入可以反映行业发展，通过收集各企业 2014~2016 年的销售收入数据，对三个行业的发展进行比较。如图 4-2 所示，行业间的销售收入存在差距。其中仪器仪表行业的发展较为平缓，三年间销售收入基本持平，与 2014 年相比，2016 年的销售收入仅增长 12.8%，与其他两个行业相比，增长缓慢；信息技术行业与通信设备行业变动较大，尤其是通信设备行业，2014~2015 年，销售收入以 88% 的速度增长，反超信息技术行业，说明 2015 年是通信设备行业的上升期，虽然在 2016 年该行业发展速度减慢，仅为 21%，销售收入低于飞速上升的信息技术行业，但总体来看，该行业从 2014 年的 26282 万元上升至 2016 年的 59818 万元，增长率翻了一番；最后是信息技术行业，2014~2015 年，该行业销售收入短暂下降，从 50517.2 万元下降到 45801.61 万元，降低了 9%，说明在此期间，行业发展不景气，但是在 2016 年，该行业的销售收入实现了 96% 的增长，以 89735 万元再次成为销售收入最高的行业。

### (三) 样本企业生命周期不同阶段比较

科技型中小企业发展的路径符合企业生命周期理论，是一个从初创、成长、成熟到逐渐衰退的发展过程，但由于科技型中小企业科技含量较高、创新能力较强，兼具高风险和高收益等特点，它们在生命周期的不同阶段的表现和其他企业不同。在企业生命周期的不同阶段，经营活动、投资活动和筹资活动对现金流的影响存在较大差异，所以四个阶段的财务风险各不相同。本书将科技型中小企业的生命周期划分为四个阶段，分别是种子期和初创期、成长期、成熟期及衰退期。

如图 4-1 所示，企业生命周期处在不同阶段时，其经营活动、投资活动和筹资活动对现金流影响存在较大差异。在种子期和初创期，企业处于

（万元）

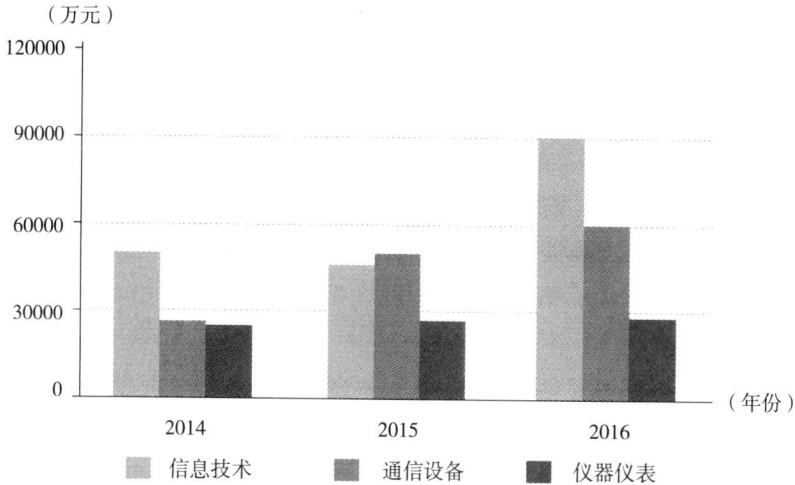

图 4-2　各行业销售收入比较

技术酝酿和发明及产品研发和试生产阶段，所以在经营活动没有收入的情况下其现金流为负；同时，处于初创期的科技型中小企业需要投资大量现金以实现研发和技术突破等，所以投资活动的现金流在期初也为负；但由于公司需要资金进行大量投资，通常会通过发行股票或银行贷款等方式筹集资金，所以在第一阶段筹资活动的现金流为正。在成长期，企业已经形成一定的生产力，市场份额迅速扩展，经营活动开始赚取收入，但由于科技型中小企业初创期的技术投资量相对较大，成长期的经营活动现金流仍然不足以弥补前期的大量投资和成本，故经营活动现金流仍为负值；同时，在成长阶段科技型中小企业仍需要大量资金扩大规模并开展各种营销，所以成长期的投资活动现金流仍然为负；也正是因为成长期的科技型中小企业仍然需要大量资金投资，所以企业会继续以债权和股权的形式融资，因此成长期的筹资活动现金流为正值。进入成熟期以后，企业在研发、生产和销售方面都发展到巅峰，处于稳定时期，经营活动产生大量现金流，在弥补所有成本的基础上盈利性不断增强，所以成熟期的经营活动现金流变为正值并达到巅峰；而成熟期由于是最稳定的时期，企业开始减缓投资，投资活动的现金流开始降低但仍然是正值；同时因为产生收益开始分发股息红利，故筹资活动现金流也开始降低但仍然是正值。最后是衰退期，企业在研发、生产和销售等方面都开始逐步下滑，所以衰退期的科技型中小企业经营活动、投资活动和筹资活动的现金流都开始有所下降，前两者的数额开始趋向于零，而筹资活动由于开始偿还债务逐渐变为负值。

基于以上对不同阶段科技型中小企业三种活动现金流影响的描述，我们可以通过查阅八家样本企业三年的现金流量表并将它们所处的发展阶段归纳在表4-2中。

表4-2　八家企业所处发展阶段汇总　　　单位：元

| 公司名称 | 活动类型 | 2014 年 | 发展阶段 | 2015 年 | 发展阶段 | 2016 年 | 发展阶段 |
|---|---|---|---|---|---|---|---|
| 大晟文化 | 经营活动 | 108298100.00 | 衰退期 | -9018100.00 | 种子期，初创期 | 181950800.00 | 成长初期 |
| | 投资活动 | -12562454.39 | | -505075633.90 | | -832423875.30 | |
| | 筹资活动 | -85177393.46 | | 1384898101.00 | | -120852947.20 | |
| 会畅通讯 | 经营活动 | 43484200.00 | 成熟晚期 | 31572300.00 | 衰退初期 | 23618400.00 | 衰退初期 |
| | 投资活动 | -1507915.71 | | -4873532.36 | | -3315227.81 | |
| | 筹资活动 | -45870000.00 | | -31374000.00 | | -41947141.41 | |
| 集智股份 | 经营活动 | 42215500.00 | 成熟晚期 | 27222300.00 | 衰退初期 | 26802200.00 | 衰退初期 |
| | 投资活动 | -16208017.29 | | -19531996.84 | | -100898551.3 | |
| | 筹资活动 | -19800000.00 | | -10480000.00 | | 125031000.00 | |
| 民德电子 | 经营活动 | 38389400.00 | 成长初期 | 41152100.00 | 成长期 | 40308700.00 | 成熟期 |
| | 投资活动 | -5148178.36 | | -7101168.06 | | 985659.25 | |
| | 筹资活动 | -37500000.00 | | 30278836.00 | | 0.00 | |
| 南华仪器 | 经营活动 | 21201800.00 | 成长期 | 18675700.00 | 成长期 | 34889600.00 | 成长期 |
| | 投资活动 | -15607518.65 | | -118593371.10 | | -126002958.10 | |
| | 筹资活动 | 0.00 | | 134920330.20 | | -8774280.00 | |
| 天润数娱 | 经营活动 | 5900800.00 | 成长期 | -441700.00 | 成长期 | 12191200.00 | 成长期 |
| | 投资活动 | -590634.00 | | 0.00 | | -625705126.80 | |
| | 筹资活动 | 0.00 | | 0.00 | | 805814780.00 | |
| 迅游科技 | 经营活动 | 62745400.00 | 成熟期 | 53878300.00 | 衰退期 | 39668000.00 | 衰退期 |
| | 投资活动 | -13127454.81 | | -334666995.5 | | -158991038.80 | |
| | 筹资活动 | -46050000.00 | | 267998117.00 | | 207447355.60 | |
| 盈方微 | 经营活动 | 4746100.00 | 成长初期 | 17268300.00 | 成长期 | 46725700.00 | 成长期 |
| | 投资活动 | 201772425.80 | | -200994446.10 | | -108548077.60 | |
| | 筹资活动 | -11150755.55 | | 56164942.20 | | 47253546.36 | |

## （四）停牌企业与正常企业风险比较

在选取的八家样本企业中，有两家企业被停牌，分别是天润数娱和会畅通讯。据企业发布的停牌公告显示，两家企业停牌原因皆是积极响应国家提出的创新驱动发展战略，筹划重大事项，但是与正常企业相比，还是存在财务数据上的差异。为了更直白地反映停牌企业与正常企业在财务指标上的区别，选取偿债能力性评价指标中的流动负债比与盈利能力性评价指标中的基本每股收益两个指标，对两类状态的企业进行财务比较。图4-3显示的是停牌公司与正常经营公司之间基本每股收益的对比图，每股收益作为盈利能力评价指标，其值越高说明企业遭遇财务风险的可能性越小。如图4-3所示，停牌公司的基本每股收益在三年间都明显低于正常公司，尤其是2014年，正常经营企业每股收益高于停牌企业0.42元，在之后两年，差距有所缩小，但仍显著存在，说明停牌企业的盈利能力低于正常企业。流动负债率是债务类指标，当该比率较低时，说明企业在该时期的获利能力有所提高，企业结构稳定性增强。如图4-4所示，停牌公司的流动比率显著且持续高于正常经营企业，虽然在2016年，停牌企业的流动负债率出现下降趋势，但仍高于正常经营企业6个百分点。通过以上分析，说明停牌企业与正常企业在财务指标上还是会存在差别，停牌企业在盈利能力与偿债能力上均低于正常企业，这两个方面的财务风险较为明显。

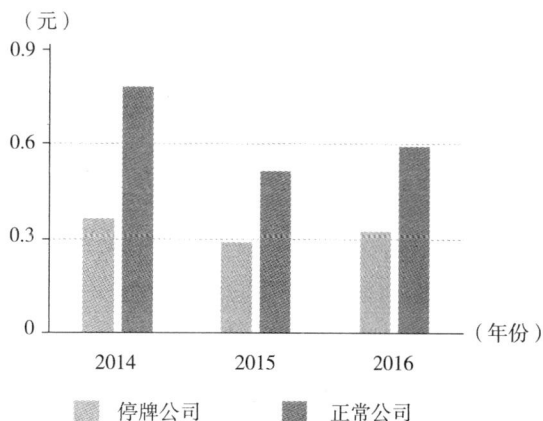

图4-3　基本每股收益比较

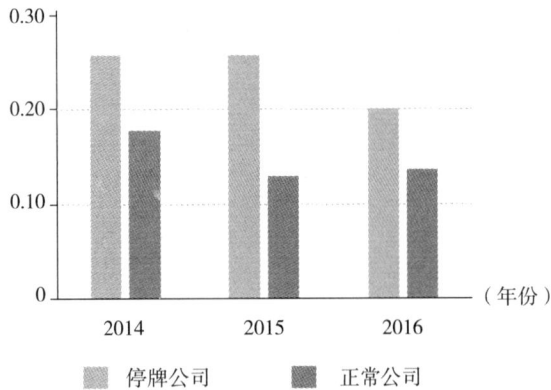

图 4-4　流动负债率比较

# 小　结

　　本章首先分析了科技型中小企业财务风险成因，分为外部成因和内部成因两个方面，外部成因主要包括法律环境、经济环境、金融市场环境、资源环境等因素的影响；内部成因包括科技型中小企业的性质决定了高投入、高风险的特点，企业人员的财务风险意识不强，企业内部财务控制体系不健全，企业的决策体系不科学，企业的信息披露机制不健全，以及财务部门结构简单、未设立专门的财务风险管理机构等，并基于财务风险的外部和内部成因，总结归纳了一些常见的财务风险。其次基于企业生命周期理论本章分别分析了科技型中小企业阶段性财务风险。最后选择了八家符合本书定义的样本企业并分析比较了八家企业。

# 第五章　创新驱动背景下科技型中小企业财务风险识别

本章首先基于结构方程模型筛选指标，再使用报表分析、指标分析、比较分析等方法识别创新驱动背景下科技型中小企业财务风险。文章选取了八家满足科技型中小企业定义且积极响应国家创新驱动发展战略的全国上市公司，采用财务和非财务指标分别对八家科技型中小企业的财务风险进行识别。

## 第一节　财务风险的识别方法与改进

### 一、企业财务风险的主要识别方法

企业财务风险的识别方法主要有报表分析法、指标分析法及概率和数理统计法。报表分析法主要是指通过企业提供的各类报表对该企业财务状况、经营成果和现金流进行综合分析，以报表为依据，分析企业面临的各类财务风险。这种方法虽然相对简单并且容易收集数据，但数据的可比性受地域限制。指标分析法主要是根据企业的各项数据，对企业财务风险的相关指标进行计算、监测，从而对结果进行科学分析，以便在企业发展中可以加强对企业财务风险的识别与评价，并对其进行科学分析，使企业在现实的经济发展中有效防范财务风险。这种方法提供的结果相对客观，但数据的准确性有待考量。概率和数理统计法主要指对财务风险因素的发生进行数理统计，以便将结果应用于财务风险的识别与评价中。这种方法相对较烦琐，应用程度并不高。

## 二、企业财务风险识别方法的改进

企业财务风险识别方法的改进主要包括创新企业财务风险识别方式和加大企业财务风险识别方法综合性进程。首先应同时补充财务指标和非财务指标。通过补充财务指标和非财务指标，可以更全面地了解科技型中小企业的财务状况、经营成果、偿债能力、成长能力及研发情况。同时应将不同的识别方法综合在一起，在不同的情形下分析不同的财务风险，具体情况具体分析。

通过以上对财务风险主要识别方法的优缺点和识别方法改进的阐述，本章基于结构方程模型共选取了 17 项财务和非财务指标，并结合报表分析、指标分析和比较分析法对样本公司的财务风险进行识别。

# 第二节　指标筛选与财务风险识别

根据科技型中小企业的定义，笔者筛选出八家符合要求的企业作为本书的研究对象，分别为：大晟文化、盈方微、天润数娱、南华仪器、迅游科技、集智股份、会畅通讯及民德电子；同时，通过八家企业披露的财务报告附录，可以看出这八家科技型中小企业在近几年的发展过程中都体现出积极响应国家提出的创新驱动发展战略要求。

## 一、指标选择与展示

公司财务风险是一个日积月累的过程，会在公司的长期经营中慢慢形成，并体现在公司经营的各个方面。而财务指标能够反映公司的财务状况，所以选择合适的财务指标，建立创新和完善的财务风险指标体系，不仅可以及时发现财务漏洞，对于公司财务风险的分析与预测也至关重要；同时，随着财务风险研究的不断深入，越来越多的研究表明，企业的财务风险不仅与财务指标有关，同时也与非财务指标有关，因此，本书在采用传统财务指标的基础上，引入个性化的非财务指标。基于国内外关于科技型中小企业财务风险的文献研究，本书初步选择可分为五大类的 17 个财务指标，包括营运能力评价指标、盈利能力评价指标、偿债能力评价指标、成长能力评价指标及现金能力评价指标。除此之外，选取 2 个非财务指标。

## （一）评估指标体系设计

在坚持科学性、全面性、代表性、可比性、可操作性等原则的前提下，采用 AHP 层次分析法，将研究目标进行分解，得到指标体系。本书从三个层次构建企业财务风险识别指标体系，分别是目标层、准则层和指标层。目标层为企业财务风险的识别；准则层为分类指标，设定准则层为五个维度；指标层为反映财务风险信息的具体指标，共选取 17 个具体变量。

1. 目标层

AHP 层次分析法分解得到的目标层即为企业财务风险识别。

2. 准则层

该模型的目标是能够建立起识别一个企业财务风险的模型，因此在变量设计时，主要考虑通过企业的财务与债务特征来刻画出每个企业财务的风险状态。同时，为了保证丰富性、稳定性、特殊性，模型最终从营运能力、盈利能力、债务能力、成长能力、现金流量五个维度评价指标中，选取能够充分代表企业风险特征的变量，将多条指标变量进行组合得到每个企业唯一的风险信息。

本书将目标层分解为五个维度的准则层（见图 5-1）。

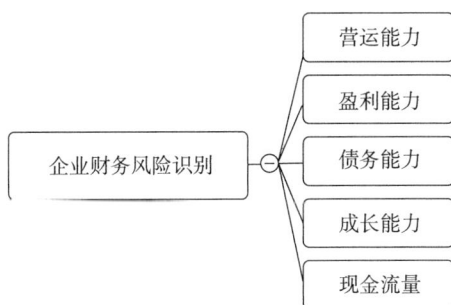

图 5-1 准则层

营运能力：营运能力是整个财务指标分析的关键，直接决定企业的盈利能力和偿债能力，是企业经营运行的主要能力。

盈利能力：盈利能力是企业在一定会计期间内赚取利润的能力。

债务能力：偿债能力是到期偿还债务的能力，是企业对债权人按规定的期限和要求还本付息能力的评价。

成长能力：企业成长能力是企业将来的发展速度和趋势，主要包括企业的利润增加、所有权益增加、资产增加及企业规模的扩大等，反映了企业未来的发展前景。

现金流量：现金流量主要衡量企业经营状况是否良好，是否有足够的资金偿还债务，资产的变现能力如何等。

3. 指标层

上述五个准则层可以分解为 17 个指标层的具体特征变量。

（1）营运能力。构成如图 5-2 所示。

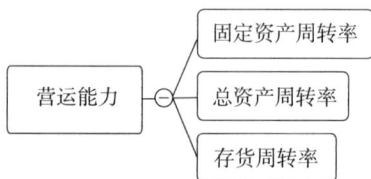

图 5-2　营运能力准则层

固定资产周转率是用企业的销售收入除以固定资产的净值，其结果代表在一个会计期间内固定资产的周转次数，或者也可以表达为每 1 元固定资产支持的销售收入。固定资产周转天数则是用一年 365 天除以固定资产周转次数，其结果代表在一个会计期间内固定资产转换成流动资金平均需要多少天。固定资产的周转次数越多，则周转天数越短；周转次数越少，则周转天数越长。

总资产周转率是企业在一个会计期间的销售收入净额除以平均资产的总额，其结果是用来衡量资产投资规模与销售水平之间配比情况的指标。总资产周转率越高，说明企业销售能力越强，资产投资的效益越好。

存货周转率是对流动资产周转率的补充说明，是衡量企业销售能力及存货管理水平的综合性指标，该指标是销售成本除以平均存货，其结果是衡量企业一定时期销货成本与平均存货余额的比率。用来反映企业在一个会计期间内的存货周转次数，并通过该指标分析企业的短期资金流动情况。

（2）盈利能力。构成如图 5-3 所示。总资产报酬率是用企业投资报酬除以投资总额。企业的投资报酬是指支付利息和缴纳所得税之前的利润之

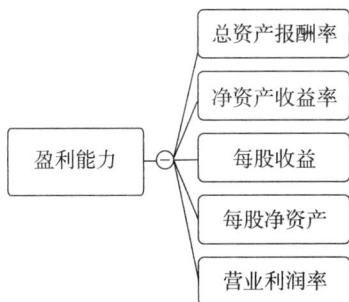

图 5-3 盈利能力准则层

和, 投资总额为当期平均资产总额。

净资产收益率是用净利润除以平均股东权益, 是公司税后利润除以净资产得到的百分比率, 其结果反映股东权益的收益水平, 用以衡量公司运用自有资本的效率。指标值越高, 说明投资带来的收益越高。该指标体现了自有资本获得净收益的能力。

每股收益是用税后利润除以股本总数。是普通股股东每持有 1 股所能享有的企业净利润或需承担的企业净亏损。每股收益通常被用来反映企业的经营成果, 衡量普通股的获利水平及投资风险, 是投资者等信息使用者据以评价企业盈利能力、预测企业成长潜力, 进而做出相关经济决策的重要财务指标之一。

每股净资产是用股东权益除以总股数。其结果反映每股股票所拥有的资产现值。每股净资产越高, 股东拥有的每股资产价值越多; 每股净资产越少, 股东拥有的每股资产价值越少。通常每股净资产越高越好。

营业利润率是指经营所得的营业利润占销货净额的百分比, 或占投入资本额的百分比。这种百分比能综合反映一个企业或一个行业的营业效率。营业利润率在各个行业及同一行业的各个企业之间差异很大, 并且不是所有的企业每年都能得到利润。

(3) 债务能力。构成如图 5-4 所示。流动比率是用流动资产除以流动负债。不同行业对这个比率的要求也不一致, 一般来讲, 比率越高, 说明企业短期偿债能力越强, 短期债权人债权保障程度越高。

速动比率是用速动资产除以流动负债。

资产负债比率是用负债总额除以资产总额。其结果反映资产对债权人

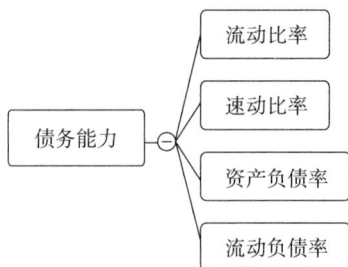

图 5-4　债务能力准则层

债权的保障程度。

流动负债率是用流动负债除以总负债总额。其结果反映一个公司依赖短期债权人的程度，该比率越高，说明公司对短期资金的依赖性越强。

（4）成长能力。构成如图 5-5 所示。

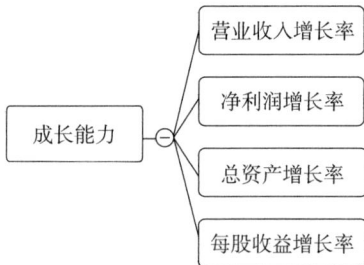

图 5-5　成长能力准则层

营业收入增长率是用企业本年营业收入增加额除以上年营业收入总额。主营业务增长率表示与上年相比，主营业务收入的增减变动情况，是评价企业成长状况和发展能力的重要指标。

净利润增长率是指利润总额减所得税后的余额，是当年实现的可供股东分配或企业内部留存的净收益，也称为税后利润。它是一个企业经营的最终成果，净利润多，企业的经营效益就好；净利润少，企业的经营效益就差，它是衡量一个企业经营效益的重要指标。净利润增长率代表企业当期净利润比上期净利润的增长幅度，指标值越大代表企业盈利能力越强。

总资产增长率是用企业年末总资产的增长额除以年初资产总额。本年总资产增长额为本年总资产的年末数减去年初数的差额，它是分析企业当年资本积累能力和发展能力的主要指标。

每股收益增长率是指反映了每一份公司股权可以分得的利润的增长程度。该指标通常越高越好。

（5）现金流量。构成如图5-6所示。

**图5-6　现金流量准则层**

现金流动负债比是企业一定时期的经营现金净流量同流动负债的比率，它可以从现金流量角度来反映企业当期偿付短期负债的能力。

为了增加识别的准确度，体现全面性，在该指标体系中还加入了两个非财务指标（见图5-7）。

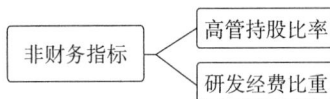

**图5-7　非财务指标准则层**

高管持股比率：主要是指上市公司董事、监事及高级管理人员持有本公司股份的比例。认为公司高管持股变动对股票短期价格表现有较大影响。

研发经费比重：是指研发经费投入与营业收入的比值，研发费用的投入为企业未来高成长提供重要支撑，上市公司是否在研发上舍得投入，是判断其是否具备长期投资价值的一个重要指标。

经过上述对所选指标的解释说明，该指标评价体系综合如表5-1所示。

**表5-1　评价体系**

| 指标类别 | 指标名称 | 指标方向 | 计算公式 | 备注 |
|---|---|---|---|---|
| 营运能力评价指标 | 固定资产周转率 | 正向指标 | $\dfrac{销售收入}{(期初固定资产总额+期末固定资产总额)/2}$ | |
| | 总资产周转率 | 正向指标 | $\dfrac{销售收入}{总资产}$ | |
| | 存货周转率 | 正向指标 | $\dfrac{营业成本}{存货平均占用余额}$ | |

续表

| 指标类别 | 指标名称 | 指标方向 | 计算公式 | 备注 |
|---|---|---|---|---|
| 盈利能力<br>评价指标 | 总资产报酬率 | 正向指标 | $\dfrac{净利润+利息费用+所得税费用}{(期初资产总额+期末资产总额)/2}$ | |
| | 净资产收益率 | 正向指标 | $\dfrac{净利润}{净资产}$ | |
| | 每股收益 | 正向指标 | $\dfrac{期末净利润}{期末总股本}$ | 单位：元 |
| | 每股净资产 | 正向指标 | $\dfrac{股东权益}{总股数}$ | 单位：元 |
| | 营业利润率 | 正向指标 | $\dfrac{营业利润}{营业收入}$ | |
| 债务能力<br>评价指标 | 流动比率 | 中性指标 | $\dfrac{流动资产}{流动负债}$ | 最佳流动比<br>为2左右 |
| | 速动比率 | 中性指标 | $\dfrac{流动资产总额-存货总额}{流动负债总额}$ | 最佳流动比<br>为1左右 |
| | 资产负债率 | 中性指标 | $\dfrac{负债总额}{资产总额}$ | 40%~60%<br>最好 |
| | 流动负债率 | 逆向指标 | $\dfrac{流动负债}{负债总额}$ | |
| 成长能力<br>评价指标 | 营业收入<br>增长率 | 正向指标 | $\dfrac{本期主营业务收入-上期主营业务收入}{上期主营业务收入}$ | |
| | 净利润<br>增长率 | 正向指标 | $\dfrac{本年净利润-上年净利润}{本年净利润绝对值+上年净利润绝对值}$ | |
| | 总资产<br>增长率 | 正向指标 | $\dfrac{本年度总资产-上年度总资产}{上年度总资产}$ | |
| | 每股收益<br>增长率 | 正向指标 | $\dfrac{本期每股收益-上期每股收益}{上期每股收益}$ | |
| 现金流量<br>评价指标 | 现金流量<br>负债比 | 中性指标 | $\dfrac{经营活动现金净流量}{期末流动负债总额}$ | |
| 非财务<br>指标 | 高管持股比率 | | | |
| | 研发经费<br>比重 | | $\dfrac{研发经费投入总额}{营业收入总额}$ | |

### （二）基于结构方程模型选择指标

1. 理论概述

结构方程模型是一种验证性分析方法，其基本思想是基于已有的理论研究或是假设，依据潜在变量画出路径，构造模型，再利用观测变量数据根据结构方程模型方法进行建模。SEM 的变量分为观测变量与潜在变量。其中观测变量是研究者观测得到的、真正被用来分析与计算的基本元素，而潜在变量则是由观测变量所推估出来的变量。沿用路径分析的术语，结构方程模型中的变量又可区分为内生变量和外生变量。其中内生变量是指模型当中会受到任何一个其他变量影响的变量，外生变量是指模型中不受任何其他变量影响但影响其他变量的量。因此，结构方程模型中的变量可以分为内生观测变量、外生观测变量、内生潜在变量与外生潜在变量四种类型。

完整的结构方程模型存在建构的潜变量与适当的观察变量间的关系和依据理论建立的潜变量与观测变量间的回归关系。结构方程模型包括了结构模型和测量模型。在结构方程模型关系图中，通常定义观测变量用矩形符号表示，潜在变量用圆形或椭圆形符号表示，模型中所有的误差项也用圆形或椭圆形符号表示，一个简单的结构方程模型关系如图 5-8 所示。

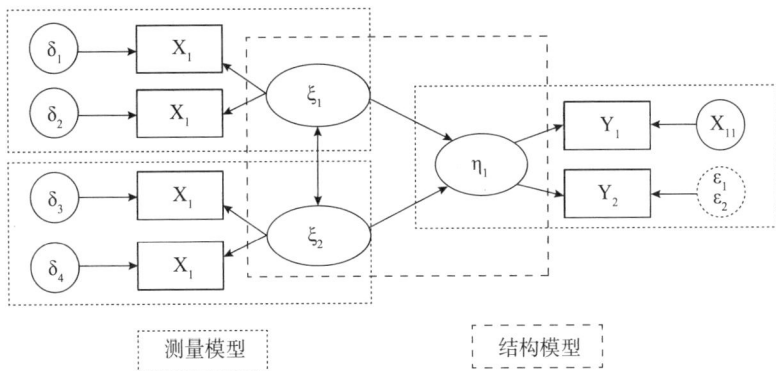

图 5-8　简单结构方程模型

2. 模型假设

根据研究的目的和现实情况，假设营运能力、盈利能力、债务能力、成长能力、现金流量这五个维度会影响上市公司的财务风险，分析其对财务风险的影响。因此本书选用营运能力、盈利能力、债务能力、成长能力，作为外生潜在变量，用 $\xi_i$ 表示，现金流量、非财务风险作为内生潜在变量，用 $\eta_i$ 表示，每一个潜在变量都由显变量（观测变量）来反映，潜在变量之间构成了本模型的外部模型关系，潜在变量与显变量之间构成本模型的内部模型关系，使用单向箭头来表示各变量之间的因果关系，且在本模型中不存在回路。

3. 模型建立

（1）测量方程：表示观测变量 Y 与潜在变量 $\eta$ 之间关系的方程组，如式（5-1）所示。

$$Y = \Lambda_y \eta + \varepsilon \qquad (5-1)$$

结构方程模型对于测量模型给出了两种形式：一种是反应型，表达的是观测变量是以潜在变量为原因的，模型如图 5-9 所示，其箭头是由潜在变量指向观测变量。另一种是构成型，表达的是潜在变量是以观测变量为原因，模型如图5-10所示，其箭头是由潜在变量指向观测变量。

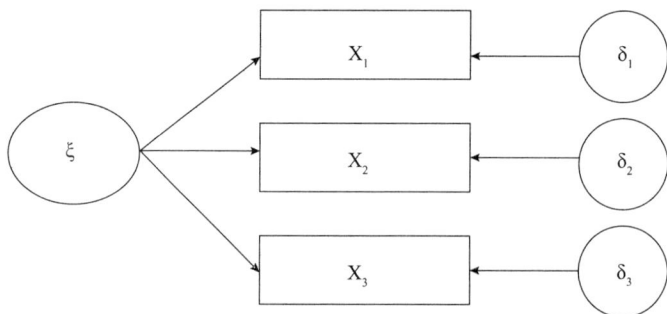

图 5-9　反应型测量模型

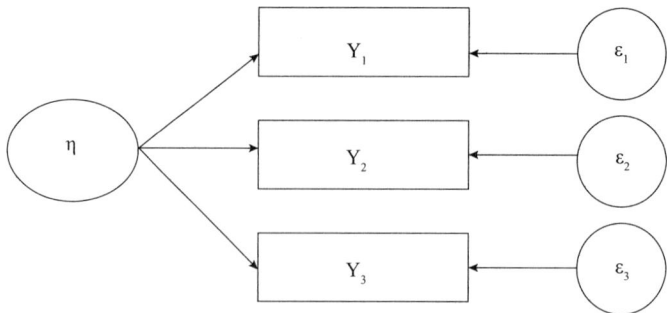

图 5-10　构成型测量模型

方程表达式如式（5-2）所示。

$$X = \Lambda_x \xi + \delta \qquad (5\text{-}2)$$

（2）结构方程：结构模型是整个结构方程模型的核心部分，单纯考虑结构模型就相当于传统路径分析，结构模型研究潜在变量的因果关系，而路径分析仅研究观测变量间的因果关系。对于每一条路径来说就相当于传统的回归分析，不同之处在于结构模型可以对整个关系进行估计，并允许因变量存在测量误差。表示潜在变量与潜在变量之间关系的方程组，如式（5-3）所示。

$$\eta = \beta\eta + \Gamma\xi + \zeta \qquad (5\text{-}3)$$

**4. 指标体系的构建**

通过分析，共总结出了 20 个指标，然后根据指标优化原则，保留了 17 个指标，将这 17 个指标划分为五个维度，分别命名为营运能力、盈利能力、债务能力、成长能力，现金流量，由此构成了风险识别评价指标体系。如表 5-2 所示。

**表 5-2 风险识别评价指标体系**

| 一级指标（表达式） | 二级指标（表达式，关系系数） | 测量指标（表达式，负荷系数） |
| --- | --- | --- |
| 上市公司风险识别评价指数（$\zeta_1$） | 营运能力（$\eta_1$，$\gamma_{11}$） | 固定资产周转率（$Y_1$，$\lambda_1$） |
| | | 存货周转率（$Y_2$，$\lambda_2$） |
| | | 总资产周转率（$Y_3$，$\lambda_3$） |
| | 盈利能力（$\eta_2$，$\gamma_{21}$） | 营业利润率（$Y_4$，$\lambda_4$） |
| | | 净资产收益率（$Y_5$，$\lambda_5$） |
| | | 每股收益（$Y_6$，$\lambda_6$） |
| | | 每股净资产（$Y_7$，$\lambda_7$） |
| | | 总资产报酬率（$Y_8$，$\lambda_8$） |
| | 债务能力（$\eta_3$，$\gamma_{31}$） | 流动负债率（$Y_9$，$\lambda_9$） |
| | | 速动比率（$Y_{10}$，$\lambda_{10}$） |
| | | 资产负债率（$Y_{11}$，$\lambda_{11}$） |
| | | 流动比率（$Y_{12}$，$\lambda_{12}$） |
| | 成长能力（$\eta_4$，$\gamma_{41}$） | 营业收入增长率（$Y_{13}$，$\lambda_{13}$） |
| | | 净利润增长率（$Y_{14}$，$\lambda_{14}$） |
| | | 总资产增长率（$Y_{15}$，$\lambda_{15}$） |
| | | 每股收益增长率（$Y_{16}$，$\lambda_{16}$） |
| | 现金流量（$\eta_5$，$\gamma_{51}$） | 现金流量负债比（$Y_{17}$，$\lambda_{17}$） |

5. 结构方程模型的构建

在构建评价指标体系的基础上，继续构建假设模型。$\xi_1$（外因潜变量）代表评价指数，$\eta_1 \sim \eta_5$（内因潜变量）分别代表营运能力、盈利能力、债务能力、成长能力、现金流量，$\lambda_{11}$、$\lambda_{21}$、$\lambda_{31}$、$\lambda_{41}$、$\lambda_{51}$ 代表外因潜变量与各个内因变量的关系系数，$Y_1 \sim Y_{17}$ 代表 17 个测量变量，$\lambda_1 \sim \lambda_{17}$ 代表相应的因子载荷系数。

所构成的结构模型次体系转化成向量形式如式（5-4）所示。

$$
\begin{bmatrix} \eta_1 \\ \eta_2 \\ \eta_3 \\ \eta_4 \\ \eta_5 \end{bmatrix} = \begin{bmatrix} \gamma_{11} \\ \gamma_{21} \\ \gamma_{31} \\ \gamma_{41} \\ \gamma_{51} \end{bmatrix} \begin{bmatrix} \xi_1 \end{bmatrix} + \begin{bmatrix} \zeta_1 \\ \zeta_2 \\ \zeta_3 \\ \zeta_4 \\ \zeta_5 \end{bmatrix} \tag{5-4}
$$

所构成的测量模型次体系转化成向量形式如式（5-5）所示。

$$
\begin{bmatrix} Y_1 \\ Y_2 \\ Y_3 \\ Y_4 \\ Y_5 \\ Y_6 \\ Y_7 \\ Y_8 \\ Y_9 \\ Y_{10} \\ Y_{11} \\ Y_{12} \\ Y_{13} \\ Y_{14} \\ Y_{15} \\ Y_{16} \\ Y_{17} \end{bmatrix} = \begin{bmatrix} \lambda_1 & 0 & 0 & 0 & 0 \\ \lambda_2 & 0 & 0 & 0 & 0 \\ \lambda_3 & 0 & 0 & 0 & 0 \\ 0 & \lambda_4 & 0 & 0 & 0 \\ 0 & \lambda_5 & 0 & 0 & 0 \\ 0 & \lambda_6 & 0 & 0 & 0 \\ 0 & \lambda_7 & 0 & 0 & 0 \\ 0 & \lambda_8 & 0 & 0 & 0 \\ 0 & 0 & \lambda_9 & 0 & 0 \\ 0 & 0 & \lambda_{10} & 0 & 0 \\ 0 & 0 & \lambda_{11} & 0 & 0 \\ 0 & 0 & \lambda_{12} & 0 & 0 \\ 0 & 0 & 0 & \lambda_{13} & 0 \\ 0 & 0 & 0 & \lambda_{14} & 0 \\ 0 & 0 & 0 & \lambda_{15} & 0 \\ 0 & 0 & 0 & \lambda_{16} & 0 \\ 0 & 0 & 0 & 0 & \lambda_{17} \end{bmatrix} + \begin{bmatrix} \eta_1 \\ \eta_2 \\ \eta_3 \\ \eta_4 \\ \eta_5 \end{bmatrix} + \begin{bmatrix} \varepsilon_1 \\ \varepsilon_2 \\ \varepsilon_3 \\ \varepsilon_4 \\ \varepsilon_5 \\ \varepsilon_6 \\ \varepsilon_7 \\ \varepsilon_8 \\ \varepsilon_9 \\ \varepsilon_{10} \\ \varepsilon_{11} \\ \varepsilon_{12} \\ \varepsilon_{13} \\ \varepsilon_{14} \\ \varepsilon_{15} \\ \varepsilon_{16} \\ \varepsilon_{17} \end{bmatrix} \tag{5-5}
$$

6. 模型的检验

本书在收集样本企业的可靠数据之后，建立结构方程模型采用 Lisrel 软件工具，模型估计方法用极大似然估计法。同时在对模型的拟合度进行评估时，主要选取以下指标：拟合优度的卡方检验 $\chi^2$，近似误差的均方根 RMSEA、规范拟合指数 NFI、不规范拟合指数 NNFI、简约规范拟合指数 PNFI、比较拟合指数 CFI、增长拟合指数 IFI、拟合优度指数 GFI、调整的拟合优度指数 AGFI、简约拟合优度指数 PGFI。各拟合指数的通过标准和假设模型的拟合结果如表 5-3 所示。

表 5-3　假设模型的拟合结果

| 项目 | 绝对拟合指数 | | | | 相对拟合指数 | | | | 简约拟合优度指数 | |
|---|---|---|---|---|---|---|---|---|---|---|
| 相关系数 | $\chi^2$ | GFI | RMSEA | AGFI | NFI | NNFI | CFI | IFI | PNFI | PGFI |
| 通过标准 | <3.00 | >0.80 | <0.08 | >0.90 | >0.90 | >0.90 | >0.90 | >0.90 | >0.50 | >0.50 |
| 假设模型 | 2.51 | 0.84 | 0.053 | 0.93 | 0.98 | 0.94 | 0.98 | 0.97 | 0.89 | 0.71 |

从表中假设模型的各指标值可以看出均达到了拟合标准。其中近似误差均方根 RMSEA 是检验模型拟合度的重要指标，0.053 的 RMSEA 表明拟合程度较好。

根据假设模型的验证性高阶因子分析所得因子负荷大小，可以对划分的维度和指标进行权重分配。如图 5-11 所示。

在本书构建的三级体系中，抽象建构"风险识别"（一级指标）分为五个维度，每个维度由相应的测量指标（三级指标）进行测量。利用结构方程模型分析方法对各个指标和维度进行权重配置后，可以达到对抽象建构进行评价、比较的目的。

## 二、样本企业创新驱动背景下财务风险识别

本书通过分析八家样本企业的财务与非财务指标，识别科技型中小企业可能发生的财务风险，同时运用报表分析、指标分析和比较分析刻画多个财务指标之间的关系来进一步反映企业的营运能力、偿债能力、盈利能力及发展能力等。

营运能力 ⊖
　0.72　固定资产周转率 ⊖ 0.65
　0.50　存货周转率 ⊖ 0.52
　0.79　总资产周转率 ⊖ 0.45

盈利能力 ⊖
　0.68　营业利润率 ⊖ 0.66
　0.75　净资产收益率 ⊖ 0.47
　0.60　每股收益 ⊖ 0.39
　0.67　每股净资产 ⊖ 0.49
　0.79　总资产报酬率 ⊖ 0.67

债务能力 ⊖
　0.54　流动负债率 ⊖ 0.44
　0.68　速动比率 ⊖ 0.58
　0.70　资产负债率 ⊖ 0.53
　0.73　流动比率 ⊖ 0.49

成长能力 ⊖
　0.76　营业收入增长率 ⊖ 0.62
　0.85　净利润增长率 ⊖ 0.43
　0.70　总资产增长率 ⊖ 0.34
　0.82　每股收益增长率 ⊖ 0.35

现金流量 ⊖
　0.84　现金流量负债比 ⊖ 0.49

1.00　风险识别
0.81　0.80　0.76　0.68　0.71

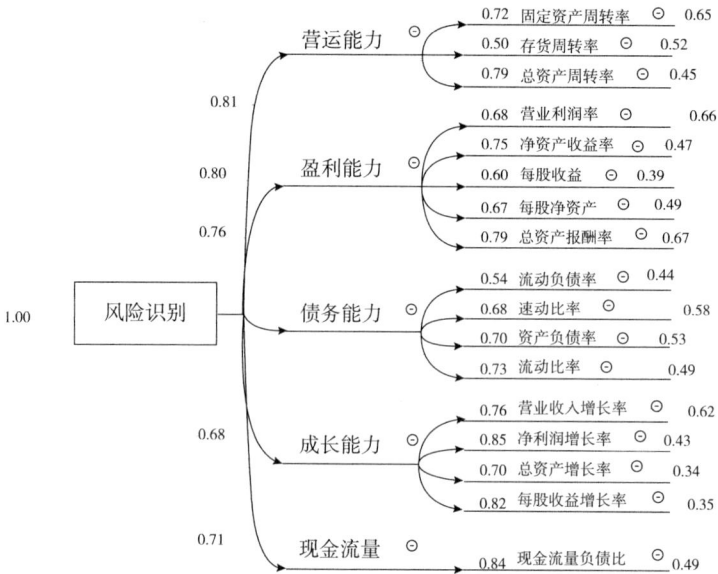

图 5-11　权重分配

## (一) 财务风险识别

科技型中小企业的发展情况与行业有关,但各个企业又有各自的发展导向,所以在相同行业间也会存在发展差异。在五类财务指标中选取净利润增长率、营业收入增长率、销售收入、总资产周转率、净资产收益率、每股净资产、流动比率及速动比率八个指标对各个企业在 2014～2016 年的发展情况进行详细分析,以此探究各个企业的发展差异。

1. 成长能力类评价指标比较

(1) 净利润增长率。大晟文化的净利润增长率在 2016 年出现极端值,所以在后面对其进行单独分析。除去大晟文化的极端值之外,天润数娱的变动幅度最大,净利润增长率由 2014 年的-80%下降到 2015 年的-784%,增长率下降了 7 倍;2015 年,该企业的净利润为负增长 (-438.82 万元)。由年度报告可知,导致净利润大幅度下降的原因主要有两个:一是报告期内企业非公开发行费用较上年同期增加,二是报告期内城镇土地使用税地段等级税额标准的调整导致土地使用税较上年同期增加较多;而 2016 年天润数娱的净利润增长率又大幅度提升,比 2015 年上升了 13 倍,主要是因为在报告期内，天润数娱以非公开发行股份的方式购买上海点点乐科技有限公司100%的股份，合并了上海点点乐5～12月的财务报表。相较于其他企业，南华仪器的变动幅度最小，在3%左右徘徊；而迅游科技、集智股份、会畅通讯与民德电子四家企业的变化幅度大致相同，基本处于30%左右；除此之外，与其他几家相比，盈方微在2014～2015年出现较大波动，从2014年的-56%上升至2016年的119%，增长了3倍，企业由于积极响应创新驱动发展战略，在业务方面的拓展及全新产品的推出如芯片定制等都是净利润在该年份大幅度增长的主要原因。大晟文化在2016年净利润增长了156倍，说明在此期间该企业在经营业务上出现了很大的变动，由年报可以看出，2016年是大晟文化创新转型后的第一年，企业完成了对中联传动与淘乐网购的收购，正式将影视文化与网络游戏纳入营业范围中，成为企业的主营业务，并加大了对文化相关产业的投资，这一系列业务的扩张与投资都是大晟文化在2016年净利润大幅度上升不可忽视的原因。

（2）营业收入增长率。与上述情况类似，天润数娱的营业收入增长率在2016年同样出现极端值，处理方法与上文类似，将对其进行单独分析。除天润数娱外，各个企业的营业收入增长率均呈现出上下波动的趋势，其中变化最大的是天润数娱和盈方微。盈方微在2014～2015年营业收入增长率上升了106%，在2016年下降了82个百分点，波动较大，说明在此期间，盈方微的发展不稳定，可能是由业务扩张或业务压缩所致；而天润数娱从2014年的43%下降到2015年的2%，又在2016年大幅度上升至6.95，波动幅度远远超过其他企业，说明在创新驱动背景下该企业的发展方向出现了较大的调整。除天润数娱与盈方微两家企业波动较大外，其余六家企业的波动都在合理范围内。其中，大晟文化在2015～2016年呈现出缓慢的增长趋势，在此期间增长率提高了18个百分点；南华仪器2014～2015年的营业收入增长率无波动，均为16%，综合来看，三年间营业收入增长率下降了12个百分点，但是依旧为正值，说明在此期间该公司的营业收入虽然增长较慢，但并未下降；迅游科技在2014～2015年的变动较大，下降了26个百分点，营业收入增长率变为负值，在2016年再次下降5个百分点，以此来看，该企业的营业收入状况较差，不增反降；集智股份与会畅通讯营业收入增长率的变化大致相同，浮动均较小；最后是民德电子，2014～2015年的营业收入增长率上升了20%，2015～2016年下降幅度较大，为46个百分点，且在2016年其营业收入与2015年相比出现下降趋势。

下面对天润数娱 2016 年营业收入增长率进行单独分析。2016 年企业年报显示，该企业正在进行创新转型，所以 2016 年是企业进行产业转型、调整产业结构的开局之年，在 2016 年，该企业的营业收入与盈利大幅度增加，实现营业收入 13119.13 万元，营业利润 5156.49 万元，企业能够在一年时间内实现营业收入近 7 倍及营业利润近 14 倍的增长，产生这一异常变化的原因与其净利润增长率出现极端值的原因相同，也是因为对上海点点乐信息科技有限公司 100% 股份的购买，实现了企业的成功转型。

2. 营运能力评价指标比较

（1）销售收入比较。对企业的销售收入进行纵向比较可以看出企业在研究期间的发展速度。如图 5-12 所示，2014～2016 年，销售收入变动幅度排名前三的是天润数娱、大晟文化与盈方微，分别上升了 7 倍、4 倍、2 倍。通过前面的分析可以知道，大晟文化的销售收入出现大幅度增长是因为主营业务的拓展和投资力度的加大，天润数娱是因为对上海点点乐信息科技有限公司 100% 股份的购买，而盈方微是因为在公司原有传统业务的基础上开发新的"大数据中心"业务，并在收购宇芯科技后，开发"北斗"业务，为公司带来了巨额收入。在八家企业中，集智股份与会畅通讯的销售收入变化最小，分别为 2% 与 7%，说明在此期间，两家企业的经营模式与经营业务方面没有大的变动。南华仪器与民德电子在三年间分别上升了 20 个和 39 个百分点，虽然与排名前三的企业相比，销售收入的增长率并不算高，但总体来讲，还是在不断上升。在八家企业中，只有迅游科技的销售收入在三年间连续下降，2014～2015 年，迅游科技实施限制性股票激励，产生大量的股份支付费用，对销售收入产生影响，导致销售收入下降 3.5%，2015～2016 年，销售收入再次下降，下降率为 9%，在此期间，增值税税率变动，由 6% 上升为 17%，导致企业的税费增加，同时，年报中指出，公司用户充值收入受整个网络游戏行业的影响，PC 端游戏收入增量有限，这两个原因均导致迅游科技销售收入的下降。

（2）总资产周转率比较。总资产周转率主要侧重于反映企业总资金的运作状况，可以在一定程度上反映企业的投资规模是否合理。因各个企业的总资产周转率在三年间相差较大，所以为更好地表述八家企业在各年的变化，利用柱形图与折线图组合的形式进行展示。八家企业在 2014～2016 年总资产周转率的差异与变化如图 5-13 所示。从图 5-13 中可以看出，会畅通讯与民德电子两家企业在总资产周转率上明显大于其他六家企业，尤

（万元）

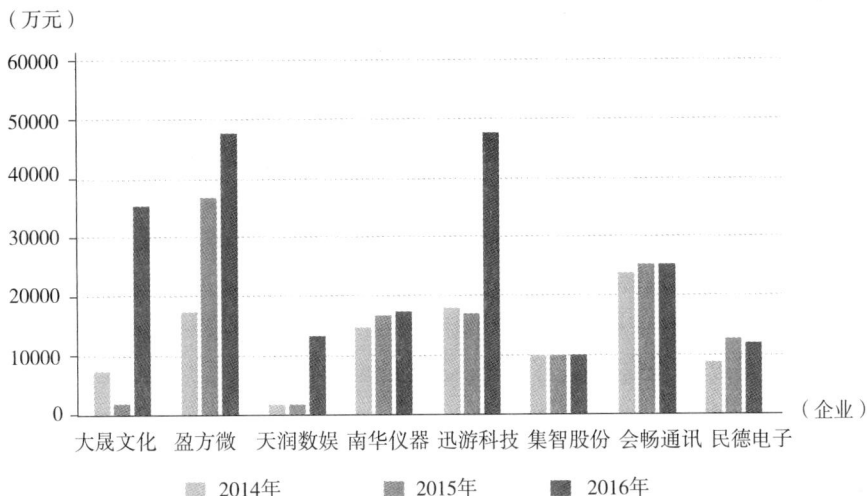

图 5-12  销售收入比较

其是会畅通讯，仅在 2014 年低于民德电子 3 个百分点，2015 年及 2016 年分
别以 140% 与 147% 居于首位，较高的周转率说明企业的总资产周转较快，
销售能力较强。由年度报告可知，总资产周转率过高是因为会畅通讯不断
创新，推出了新的产品，并不断完善产品的功能，提高了市场对产品的接
受度，增加了销售收入，从而提高了总资产周转率；民德电子在 2014 年达
到最高后，开始持续下降，且下降幅度较大，2014～2015 年，下降了 37%，
2015～2016 年下降了 23%。总体来看，下降幅度最大的是迅游科技，从
2014 年的 115% 下降到 2015 年的 35%，下降率为 70%，2016 年总资产周转
率继续下降，仅为 21%，与 2014 年相比，下降幅度为 82%，总资产周转率
在 2015 年突然发生大规模的下降是因为，该企业增值税政策的调整导致销
售收入降低，且在同年份，资产总额上涨 2 倍，最终带来了总资产周转率的
下降；其次是大晟文化，从 2014 年的 47% 下降到 2016 年的 14%，下降幅度
为 69%，其中 2014～2015 年以 98% 的下降速度从 47% 下降到 1%，总资产周
转率的大幅持续下降，说明企业应该采取措施提高各项资产的利用效率，
同时，也要及时处置多余的闲置资产，提高总资产周转率。集智股份与南
华仪器三年间的下降率分别为 53% 与 38%。在八家企业中除了会畅通讯的
总资产周转率稍有上升外，盈方微是三年间增长率最高的企业，从 2014 年
的 23% 上升至 2016 年的 60%，增长了 1.5 倍，因为在此期间，盈方微的销

售收入因开发了新的业务而大幅度增长，从而带动了总资产周转率的增长。

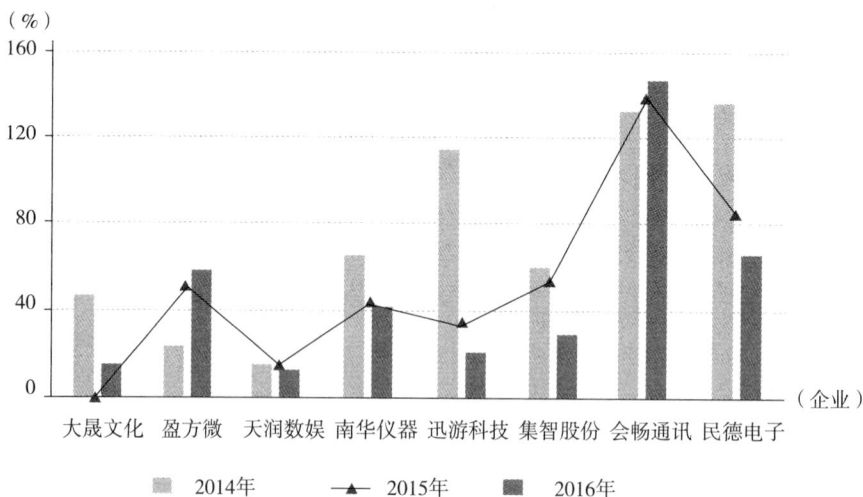

图 5-13　总资产周转率比较

**3. 盈利能力类评价指标比较**

（1）净资产收益率的比较。净资产收益率反映的是企业运用自有资金获得利润的效率。为表现各家公司资产收益率的高低，此处用扇形图刻画出八家企业在总资产收益率中的占比，对于资产收益率小于5%的企业，由于占比太小，所以以组合扇形的形式表示，在这里，只显示2014年与2016年的扇形图。如图 5-14 和图 5-15 所示，盈方微的净资产收益率远远高于其他七家企业，但该企业在 2014~2016 年的波动较大，2014 年盈方微的占比为68%，2016 年占比增长为79%，盈方微财务报告显示：盈方微的资产收益率从 2014 年的 4.51 下降到 2015 年的 2.1，下降率为53%；又在 2016 年上升至 3.76，增长率为79%，盈方微在三年间的波动虽然较大，但与其他企业相比，综合下降率并不高，除了会畅通讯以 15% 的下降率低于盈方微外，其他企业的下降率均高于盈方微。在八家企业中，只有天润数娱在 2014~2016 年是增长的，且增长幅度很大，但由于天润数娱的基数较小，所以这一变化并不明显，占比仅上升 2%，说明在此期间，天润数娱相比其他七家企业来说，获得利润的效率在不断增长，但因天润数娱在初期获得利润的效率较低，所以相较于其他企业而言，即使资产收益率在不断增长却依旧不高。三年间净增产收益率下降速度最快的是迅游科技，从 2014 年的

0.6 下降到 2016 年的 0.08，下降率为 86%，从图 5-14 和图 5-15 中可以看出，迅游科技的占比从 2014 年的 9% 下降到 2016 年的 2%，远远超过其他企业的下降速度；其次是下降率为 64% 的集智股份，从占比 4% 降为占比 2%；最后是南华仪器、大晟文化与民德电子，这三家企业在三年间的下降速度大致相同，均处于 0.5 左右，在图 5-14 和图 5-15 中，大晟文化与南华仪器均由 3% 的占比降为 2%，民德电子由 9% 的占比降为 6%。

通过对比八家企业净资产收益率的变动幅度与趋势可以看出，八家企业中只有天润数娱的净资产收益率是增加的，而且是在 2016 年才出现增长，在 2015 年下降了 8 倍，净资产收益率的下降说明在研究期间获得利润的效率较低，且股东投入资本获得的回报水平也较低，所以在今后的发展中，企业要不断引进新业务，拓展业务范围，提高获利能力，增加企业净利润，使股东获得较高的回报。

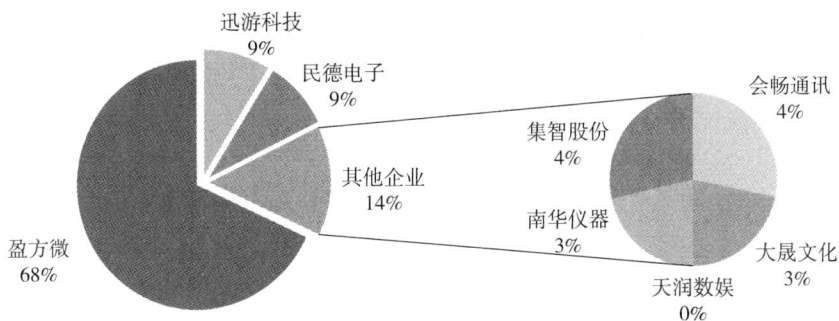

图 5-14 2014 年各企业净资产收益率占比

（2）每股净资产比较。每股净资产反映了每股股票所拥有的资产现值。每股净资产越高，股东拥有的每股资产价值就会越多，通常来讲，每股净资产越高越好。如图 5-16 所示，2014 年各个企业的每股净资产用折线图表示，2015 年与 2016 年用柱形图表示。大晟文化、盈方微、集智股份与民德电子四家企业在 2014～2016 年的每股净资产呈现出上升的趋势。其中，增长最为明显的是大晟文化，从 2014 年的 0.12 元变成 2016 年的 11.9 元，上升了 98 倍，原因是在此期间净资产大幅度上升，2015 年，净资产上升了 202 倍，虽然总股本也在上升，但仅增长了 1 倍，所以，2015 年每股净资产增长较快。其次是民德电子，以 2014 年的 1.33 元为基准，到 2016 年每股净资产为 3.7 元，增长了近 2 倍；集智股份与盈方微的每股净资产增长率分

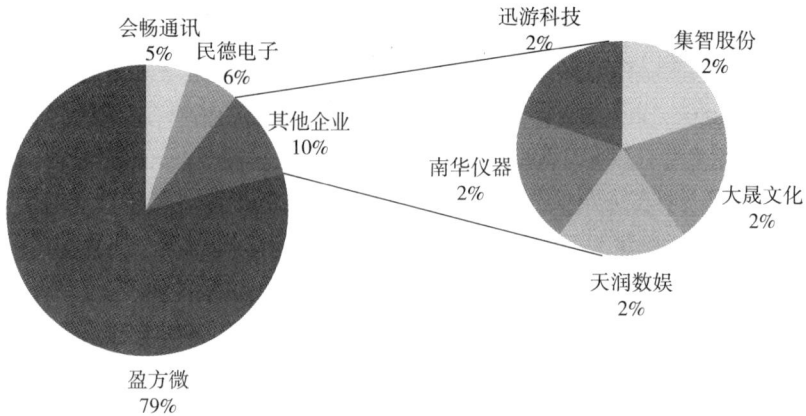

图 5-15　2016 年各企业净资产收益率占比

别为 67% 和 43%，但盈方微除 2014 年每股净资产高于大晟文化 0.5 元以外，2015 年与 2016 年均为最低，其次便是天润数娱，与盈方微类似，其每股净资产一直处于较低的水平，虽然与 2014 年相比，2016 年的每股净资产增加了 57%，但是也仅为 1.26 元，与其他企业相比，每股资产价值较低。八家企业中变动最小的是会畅通讯，三年间的极差仅为 0.1 元，相较于其他企业，每股净资产几乎无波动；南华仪器与迅游科技两家公司呈现的是上下的交替变动，不同的是南华仪器先上升后下降，在 2015 年，南华仪器的每股净资产增长 2.6 元，2016 年又由于总股本数的上升，导致每股净资产下降 4 元，而迅游科技则是先下降后上升，因为 2015 年总股本数的上升，达到 4000 万股，每股净资产由 2014 年的 3.57 元下降到 2015 年的 2.72 元，但在 2016 年每股净资产又上升至 3.23 元。

4. 偿债能力类评价指标比较

（1）资产负债率比较。资产负债率是一项衡量公司利用债权人资金进行经营活动能力的指标，也反映债权人发放贷款的安全程度。对于债权人而言，资产负债率越低越好，能够保证按期收回本金与利息，但对于经营者来说，资产负债率高一点，有利于企业通过举债经营拓展经营业务，扩大生产规模。因此对于资产负债率处于 40%~60% 最好。利用八家企业三年间的资产负债率绘制出图 5-17，以反映各个企业的差异及不同年份中的变化。从图 5-17 中可以看出，与其他企业相比，大晟文化在三年间的波动最大，从 2014 年的 84% 下降到 2016 年的 32%，下降了 52 个百分点；其次是

（元）

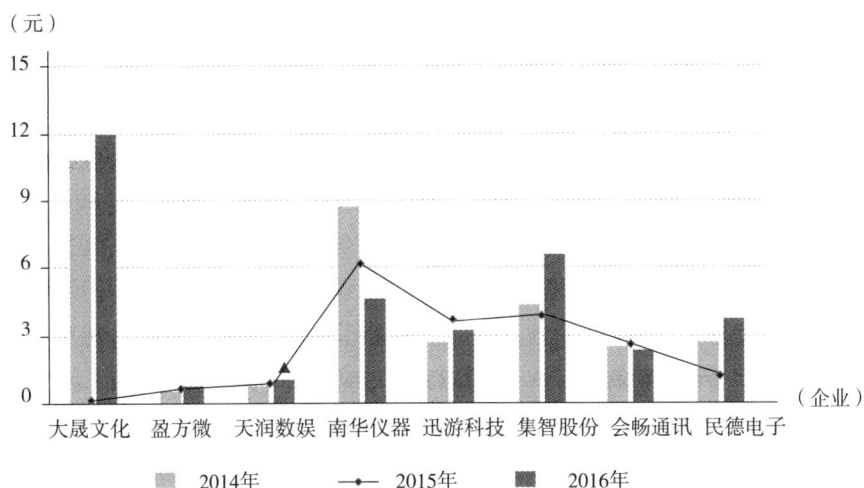

图5-16　每股净资产比较

迅游科技与民德电子，最大值与最小值之间相差20个百分点，且八家企业除迅游科技在2016年有明显的增长外，其余企业在三年间均呈现出下降的趋势或有轻微的上升。总体上来看，八家企业在三年中的资产负债率大致都处于40%以下，集中分布于10%~20%，只有大晟文化在2014年与2015年超过40%，其余资产负债率都较低，虽然对于债权人而言是有好处的，说明企业的偿债能力较强，财务风险较低，债权人能够顺利收回本息，遭受损失的可能性比较小，但是资产负债率作为企业调节财务管理的一个杠杆，过高或过低都会对企业发展造成影响，过低的资产负债率虽然可以保证债权人的利益，但是对于经营者来说，是一种相对保守的经营模式，会限制企业的发展，导致企业无法进行规模扩张，放慢企业的发展速度。基于此，各个公司应根据自身现状调节财务状况，将资产负债率调节至合理水平，只有这样，才可以既保证债权人应有的利益，也能获得资金拓展企业的经营业务，扩大企业规模，推动企业发展。

（2）流动比率比较。流动比率衡量的是企业是否能够将流动资产快速变现用于偿还短期负债的能力。所以，流动比率高的情况下，说明企业流动资产的变现能力较强，且偿还负债的能力也较强，但是流动比率并非越高越好，当流动比率过高时，说明企业的流动资产较多，相应的固定资产就会减少，影响企业引进新设备，一般最佳流动比为2左右。如图5-18所

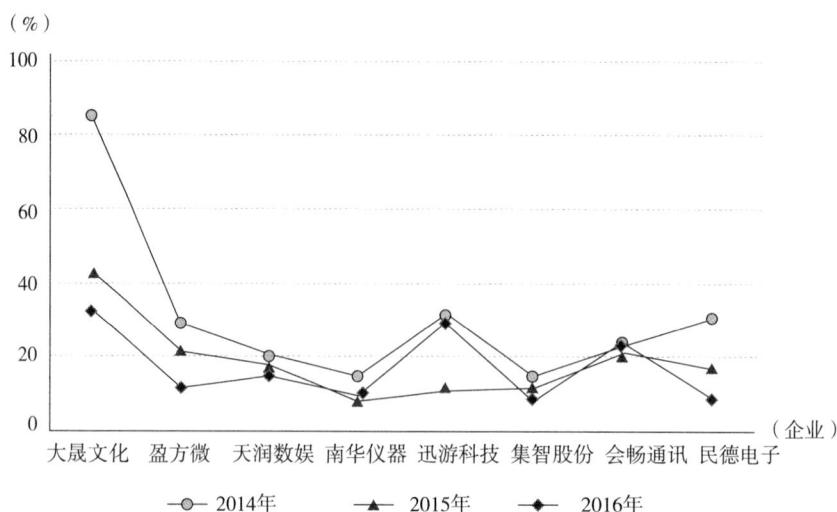

图 5-17　资产负债率比较

示，流动比率真正能达到这一要求的企业几乎没有，相比较而言，盈方微与迅游科技较为符合。除 2016 年外，盈方微的流动比率处于 3 左右，而迅游科技在 2014 年与 2016 年的流动比率在 2.5 左右徘徊，两家企业的流动比率较为合适，既保证了流动资产的变现能力与流动负债的偿还能力，也将流动比率控制在合理范围内，保证固定资产的投入，未造成资金的浪费与占用。除盈方微与迅游科技外，其他六家企业的流动比率都过高或过低，如天润数娱与大晟文化，三年间的流动比率均未达到 2，尤其是大晟文化，2014 年流动比率不足 0.5，虽然在 2016 年流动比率增长 2 倍，但是也仅有 1.34，尚不足 1.5。从年报中也可以看出，大晟文化的流动资产极少，大部分资产用于投资，说明企业用于快速变现偿还短期债务的流动资产较少，且变现能力较差，这样会导致企业无法在债务到期前偿还，产生财务风险，容易影响企业信用。剩下的南华仪器、集智股份、会畅通讯与民德电子四家公司的流动比率都远远超过 2，尤其是南华仪器、集智股份与民德电子。其中南华仪器在三年中流动比率最高的是 2015 年，达到 10.67，比最佳流动比高了 5 倍；集智股份在 2016 年达到最高，为 9.68；民德电子在 2016 年的流动比率达到最高，为 11.26，是最佳流动比的近 6 倍。这三家公司过高的流动比率说明企业流动资产远远大于流动负债，对于企业而言，流动比率过高，说明流动资金无法得到更有效的利用，会丧失企业再投资的机会，影响企业创新发展。综上所述，企业的流动比率过高或过低都会对企业的发展带来不利的影响，所以企业应该将流动比率控制在合理范围以内，既保证能按时偿还流动负债，又能将流动资产利用效率发挥到最大化。

（企业）

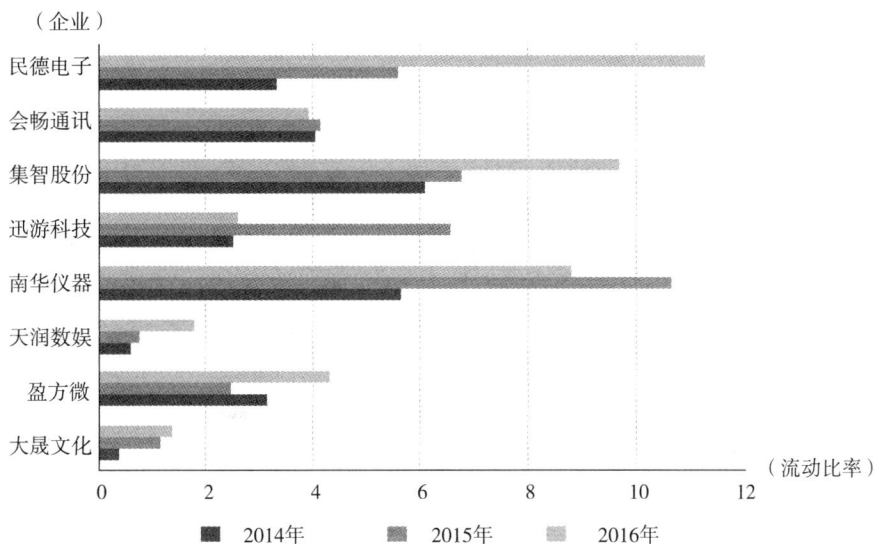

图 5-18  流动比率比较

（3）速动比率比较。速动比率与流动比率相似，都是表示企业的流动资产中能够快速变现偿还短期负债的能力，唯一的不同在于，在计算速动比率时，要将存货从流动资产中扣除，主要是由于存货的变现速度较慢，会拉低企业的变现能力。与流动比率相同，速动比率也有一定的取值范围，一般在 1 左右较好。如图 5-19 所示，大晟文化、天润数娱与迅游科技勉强符合，其中天润数娱与大晟文化的速动比率基本小于 1，说明企业偿还短期负债的能力较好；迅游科技在 2014 年与 2015 年的速动比率虽然都在 2 以上，但在 2016 年出现下降，速动比率为 0.95，达到标准。集智股份与会畅通讯的速动比率变动较小，三年间分别保持在 5.5 与 4 左右，虽然三年间的变动幅度不大，但是与标准值相比过高，说明流动资产过多，不利于企业的投资与发展。变动幅度较大的是南华仪器与民德电子，南华仪器与民德电子三年间的速动比率极差均接近 7，远远高于应有的速动比率。所以为了保证企业有充足的流动资产去偿还短期负债，同时又能够不影响企业的创新发展，一定要将速动比率控制在合理的范围以内。

（速动比率）

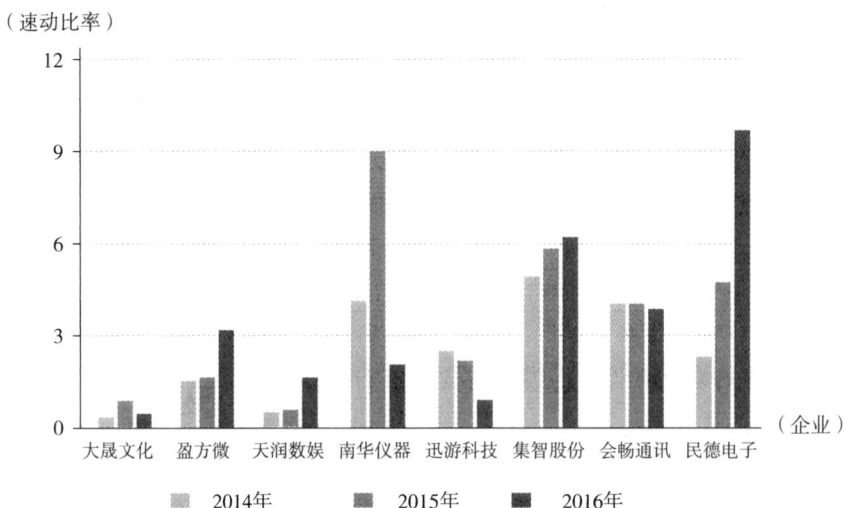

图 5-19　速动比率比较

（4）流动比率与速动比率综合比较。流动比率与速动比率均是用来反映流动资产快速变现偿还负债的能力，由于速动比率在计算时要提前从流动资产中减去存货，通过流动比率与速动比率的变化幅度可以比较企业的存货量，以及流动比率与速动比率的变化是否与存货多少有关。从八家企业中筛选出流动比率或速动比率较为正常的四家企业，分别为大晟文化、盈方微、天润数娱与迅游科技，为方便比较，将速动比率与流动比率的变化走向画在同一坐标中（见图 5-20），其中，折线图表示四家企业 2014～2016 年的速动比率，柱形图表示流动比率。如图 5-20 所示，大晟文化在2015 年的速动比率在 1 附近，为 0.9，处于速动比率的合理范围，但是流动比率仅为 1.2，远远小于 2，说明大晟文化在 2015 年的存货量较少，2016年，大晟文化提高存货量，带动了流动比率的增加，虽然该值与正常水平比依旧低，但是相较于 2015 年略有上升，但过多增加存货量的结果是，导致速动比率从 2015 年的 0.9 降为 2016 年的 0.44，远低于标准水平；同样，天润数娱与盈方微也存在存货量较少的问题，2015 年，盈方微在流动比率处于 2 左右的情况下，由于存货量较少的原因，导致速动比率超过合理范围，达到 1.75，天润数娱在 2016 年同样满足了流动比率的要求，但也因存货较少而导致速动比率过高；在四家企业中，迅游科技 2016 年的速动比率与流动比率相对于其他企业基本处于合理范围内，只是流动比率略高于 2，主要是因为存货较多。综上所述，企业在存货方面也应该加强约束与管制，不能盲目地增加或减少存货量，要根据企业的当前状况来调整，保证流动比率与速动比率均在合理范围内。

（比率）

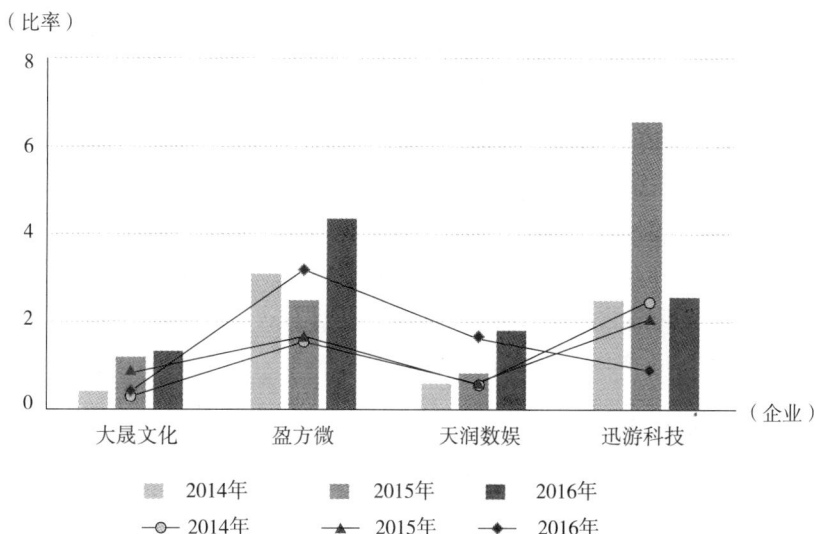

图 5-20  速动比率与流动比率比较

## （二）企业财务问题综合识别

以上分析是基于对财务风险影响较为严重的财务指标单独展开，但是财务指标之间存在相互影响、相互制约的关系。所以，仅利用单个指标分析企业当前的财务问题存在片面性，接下来，结合以上的分析对企业进行综合评价。

首先，通过上述分析可以看出，大晟文化、盈方微与天润数娱三家企业在成长能力上波动较大，主要是由于对其他企业股份的收购。但不同的是，大晟文化与天润数娱的成长能力虽然波动较大，但在 2016 年都是大幅度增长，如天润数娱 2016 年的净利润增长率是 2015 年的 14 倍，大晟文化在 2016 年甚至出现了 156 倍增长率的极端值，说明企业的收购方案对于两家企业的后续发展是有利的；而盈方微在 2015 年由于创新推出全新产品实现增长后却在 2016 年再次下降，虽然依旧获利，但是增长速度却大幅度减缓，说明该产品的推出虽然为企业带来了短暂的收益，但未能在后续发展中为企业提供足够助力，所以企业在开发新产品时，一定要提前了解产品市场，而不是盲目投资。

其次，在总资产周转率上，盈方微一直处于增长状态，与其三年间的销售收入也在不断增长这一现状相符，但除此之外，其他企业在2014~2016年都处于下降状态。尤其是迅游科技、大晟文化、集智股份与民德电子下降幅度较大，说明企业的销售能力有所下降，资产利用效率较低。从理论上来讲，总资产周转率的下降一般与销售收入的下降有关，从销售收入的变化图来看，迅游科技、集智股份、民德电子的销售收入在此期间确实没有明显的增长趋势，与理论大致相符，而大晟文化却在销售收入大幅度上升的情况下出现下降，说明该企业存在且增加了大量的闲置资产，导致总资产增加，周转率下降。较低的周转率对企业而言，不利于企业的资金周转，因此对于总资产周转率持续下降且较低的企业，经营者应该采取措施提高周转率，如企业可以通过薄利多销或者处置闲置资产的做法增加销售收入，加速资产周转速度，提高企业资产利用效率。综合来看，迅游科技、集智股份、民德电子与大晟文化均存在周转速度较慢的问题，该状态的持续会造成资金周转困难，最后发展成为财务危机。所以企业应该采取合适的对策，如前三家企业应该从增加销售收入入手，而大晟文化应该从减少闲置资产、提高资产利用率入手，对症下药，加速资金周转，以防企业陷入资金周转不灵的被动局面。

从盈利能力来看，除天润数娱在2016年出现增长以外，其他企业均处于下降阶段。但天润数娱虽然增长较快，但由于其盈利能力基数较低，所以高速的增长并未使其成为盈利能力较强劲的企业。在下降企业中，迅游科技与集智股份的下降幅度较大；南华仪器的净资产收益率虽然下降幅度不大，但其每股净资产在2016年出现明显下降，说明其盈利能力在2014~2016年也不高，如果在接下来的经营中不对该状态做出调整和改善，则会对企业发展造成不利影响。

最后，偿债能力，大晟文化的资产负债率在2014年超过警戒线，达到84%，但随后，该企业及时采取措施，在2015年与2016年实现资产负债率的持续下降。但八家企业在资产负债率上都低于40%，说明企业大都采取了较为保守的经营策略，企业发生财务风险的可能性较小，与流动比率、速动比率所反映的信息一致，在八家企业中，流动比率与速动比率大都超过合理范围，虽然不利于企业扩大规模，但从风险角度来看，说明企业有较高的偿债能力与变现能力，降低了债务风险的可能性。

综上所述，大多数企业的债务风险较小，但资金周转情况不好，可能会陷入资金周转困难。在分析企业财务问题时发现，很多财务人员的素质不高，风险意识不强，对可能发生的财务风险敏感度不够，且对于已经发生的财务风险无法及时扭转，比如迅游科技在 2014~2016 年连续三年的时间里总资产周转率持续下降且下降幅度较大，可推断出因企业并未对其采取积极有效的对策，所以才会出现不断下降的情况。因此，在应对财务风险时，不仅应该提高经营者的决策能力，还应该提高财务人员对财务风险的识别能力。

### 三、样本企业创新驱动背景下主要财务风险汇总

根据以上选择的可分为五大类的 17 个财务指标，包括营运能力评价指标、盈利能力评价指标、偿债能力评价指标、成长能力评价指标及现金能力评价指标，对八家科技型中小企业财务风险的识别，同时基于现金流量表对八个样本企业三年所处的发展阶段的界定，将八家企业当前面临的财务风险汇总于表 5-4 中。此外，创新驱动背景下科技型中小企业财务风险分析如图 5-21 所示。

表 5-4　八家企业财务风险汇总

| 企业名称 | 2014 年 | 2015 年 | 2016 年 |
|---|---|---|---|
| 大晟文化<br>（衰退—初创—成长） | 投资风险、流动性风险 | 经营风险、投资风险、流动性风险、存货风险 | 经营风险、投资风险、流动性风险、存货风险 |
| 会畅通讯<br>（成熟—衰退） | 流动性风险 | 流动性风险 | 投资风险、筹资风险 |
| 集智股份<br>（成熟—衰退） | 流动性风险 | 流动性风险 | 投资风险、筹资风险 |
| 民德电子<br>（成长—成熟） | 经营风险、投资风险、流动性风险、存货风险 | 经营风险、投资风险、流动性风险、存货风险 | 财务风险较小或没有 |

续表

| 企业名称 | 2014 年 | 2015 年 | 2016 年 |
|---|---|---|---|
| 南华仪器<br>（成长） | 经营风险、流动性风险 | 经营风险、流动性风险 | 经营风险、流动性风险 |
| 天润数娱<br>（成长） | 经营风险、流动性风险 | 经营风险、流动性风险 | 经营风险、流动性风险 |
| 迅游科技<br>（成熟—衰退） | 财务风险较小或没有 | 财务风险较小或没有 | 财务风险较小或没有 |
| 盈方微<br>（成长） | 经营风险、筹资风险 | 经营风险、筹资风险 | 经营风险、筹资风险 |

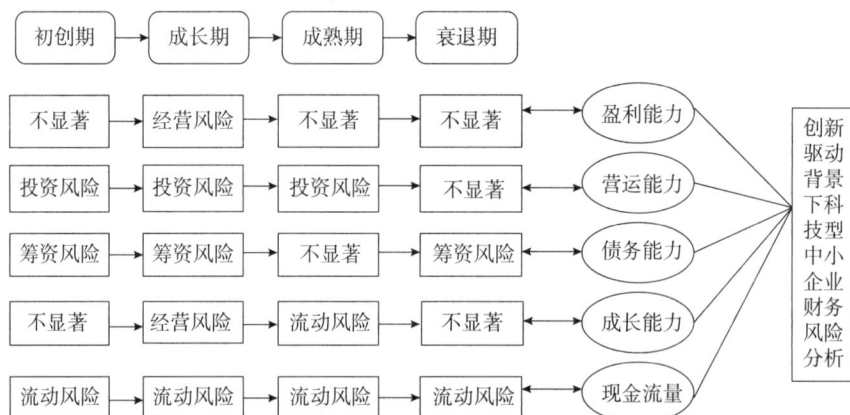

图 5-21　企业生命周期不同阶段财务风险类别

综上所述，八家科技型中小企业在 2014～2016 年财务风险差异较大，首先是由于各个企业在创新驱动背景下发展侧重不同，有的企业发生了业务转型，有的企业通过并购进一步扩大企业规模；其次是由于政府政策变动，导致企业费用占比增加带来新的财务风险。

# 小　结

　　本章首先基于结构方程模型筛选指标，总共筛选出可分为五大类的 17 个财务指标，包括营运能力评价指标、盈利能力评价指标、偿债能力评价指标、成长能力评价指标及现金能力评价指标。基于 17 个财务指标本书使用报表分析、指标分析和比较分析相结合的方法识别创新驱动背景下科技型中小企业财务风险。选取了八家满足科技型中小企业定义的全国上市公司，首先基于不同阶段科技型中小企业三种活动现金流影响的差异，归纳出八家样本企业所处的发展阶段；其次采用财务和非财务指标分别对八家科技型中小企业的财务风险进行识别；最后汇总了八家样本公司 2014 年、2015 年、2016 年处在不同发展阶段的财务风险。

# 第六章　创新驱动背景下科技型
# 中小企业财务风险评价

基于第五章对主要财务风险的识别，本章首先使用聚类分析法评价八家样本企业三年来总的财务风险评级，其次使用主成分分析法通过主成分提取分析具体的财务风险要素，同时运用杜邦分析和单因素方差分析法评价指标之间的关系，最后使用 Logistic 预警评价样本企业的财务状况。

## 第一节　财务风险评价方法设计

财务风险评价就是对各种不确定因素造成企业的未来财务结果偏离预期财务目标的可能性采用一定的方法进行确定、量化的一种管理活动。通常会采用定性和定量相结合、主观和客观相结合的方式来对其进行评价。财务风险评价方法有很多，本书主要结合采用以下几种方法：

### 一、聚类分析法

本书采用 Q 型聚类，根据八家企业在关于财务风险四个方面的指标，分别对 2014 年、2015 年、2016 年的财务风险进行聚类。

### 二、主成分分析法

本书通过对样本企业在 2014 年、2015 年和 2016 年关于财务风险的销售收入、流动资产、净资产收益率、营业利润、每股净资产、基本每股收益、资产负债比、负债合计、流动比率、经营现金流量净额、营业收入同

比增长率、每股收益同比增长率、净资产收益率同比增长率进行主成分的
提取来评价财务风险。

## 三、单因素方差分析法

本书分别从销售收入、流动资产、净资产收益率、营业利润、每股净
资产、基本每股收益、资产负债比、负债合计、流动比率、经营现金流量
净额、营业收入同比增长率、每股收益同比增长率、净资产收益率同比增
长率13个因素进行单因素的方差分析，识别出哪些财务指标在三个财务风
险等级中有显著性差异。

## 四、杜邦分析法

杜邦分析法最早由美国的杜邦公司提出，该分析法不再以单一指标对
企业进行财务分析，而是通过刻画多个财务比率之间的关系来反映企业的
财务状况，分析结果更加客观有效。通过对指标的层层分解，了解企业的
营运能力、偿债能力、盈利能力及发展能力，反映企业的财务现状。本书
从两个角度对企业的财务状况进行分析，一是从内部管理的角度，二是从
资本结构的角度。其基本分析体系包含较多的指标，为方便起见，这里仅
绘制在接下来的分析中会使用的指标，结构图如图6-1所示。

## 五、Logistic 预警

Logistic 函数又叫增长函数，是一个非线性模型，主要用来对多因素影
响的事件进行概率预测，它是普通多元线性回归模型的进一步拓展。
Logistic 回归模型对于变量的分布没有具体要求，可以使用于连续性和类别
性变量，容易使用和解释。Logistic 回归根据样本数据，采用一系列财务指
标，使用最大似然估计法估计未知参数，可求得应变量的取值概率。如果
算出的概率大于设定的分割点，则判定该公司将陷入财务危机。

本章基于第五章对八家样本企业财务风险的识别，首先采用聚类分析
法评价八家样本企业2014～2016年的财务风险等级；再用主成分分析法提
取少数主成分，评价识别出的财务风险的具体表现；同时使用单因素方差

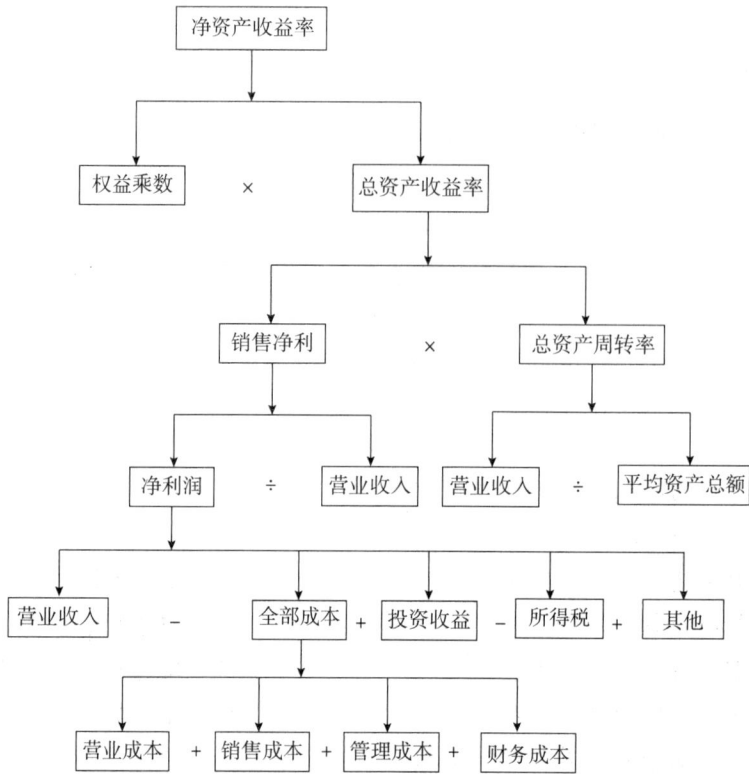

图 6-1 杜邦分析系统结构

分析法评价哪些财务指标在三个财务风险等级中有显著性差异，并使用杜邦分析评价多个财务比率之间的关系来反映企业的财务状况；最后运用 Logistic 预警评价企业是否陷入财务危机。整体评价思路如图 6-2 所示。

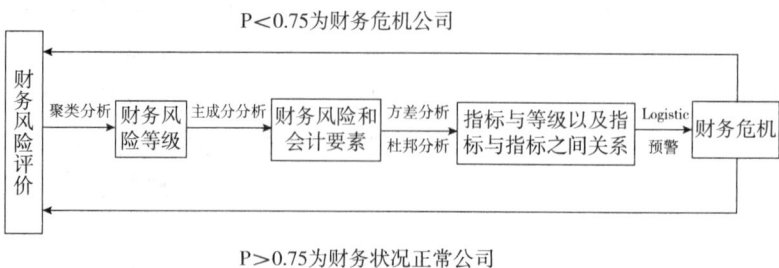

图 6-2 财务风险评价体系

运用的指标如表6-1所示。

表 6-1 聚类分析和主成分分析涉及的指标

| 指标分类 | 指标名称 |
| --- | --- |
| 经营性指标 | 销售收入、固定资产、总资产、总资产周转、流动资产 |
| 盈利能力指标 | 净利润、净资产收益率、营业利润、营业总收入、每股净资产、基本每股收益 |
| 偿债能力指标 | 资产负债比、负债合计、流动比率、经营现金流量净额、速动比率 |
| 成长能力指标 | 营业收入同比增长率、每股收益同比增长率、净利润同比增长率、净资产收益率同比增长率 |

# 第二节 财务风险评价

## 一、样本企业的选取及指标说明

根据科技型中小企业的定义，本书在全国上市公司中筛选出八家符合要求的企业作为研究样本，分别为：大晟文化、盈方微、天润数娱、南华仪器、迅游科技、集智股份、会畅通讯及民德电子八家企业，如表 6-2 所示。

表 6-2 企业分类

| 行业 | 数量 | 企业简称 |
| --- | --- | --- |
| 信息技术 | 4 | 大晟文化、天润数娱、迅游科技、会畅通讯 |
| 通信设备 | 2 | 盈方微、民德电子 |
| 仪器仪表 | 2 | 南华仪器、集智股份 |

表 6-3 对选取的指标做了进一步说明，指标方向为正，指标数值越高，企业的财务风险越小；反之，指标方向为负，即指标数值越高，企业的财

务风险越高。

表6-3　指标说明

| 指标分类 | 指标名称 | 指标方向 |
|---|---|---|
| 经营性指标 | 销售收入 | 正 |
| | 流动资产 | 正 |
| 盈利能力指标 | 净资产收益率 | 正 |
| | 营业利润 | 正 |
| | 每股净资产 | 正 |
| | 基本每股收益 | 正 |
| 偿债能力指标 | 资产负债比 | 负 |
| | 负债合计 | 负 |
| | 流动比率 | 正 |
| | 经营现金流量净额 | 正 |
| 成长能力指标 | 营业收入同比增长率 | 正 |
| | 每股收益同比增长率 | 正 |
| | 净资产收益率同比增长率 | 正 |

## 二、财务风险等级评价

本书采用 Q 型聚类，即对八家企业的聚类，并且运用 SPSS 中的 K-Means 聚类法根据八家企业在关于财务风险四个方面的指标分别对 2014 年、2015 年、2016 年的财务状况进行聚类。

利用 SPSS 软件提供的 K-Means 聚类法，分别对八家科技型中小企业 2014 年、2015 年、2016 年的财务风险状况进行聚类，此模型将聚类个数设定为三类。

2014 年，第一类：大晟文化、天润数娱；第二类：盈方微；第三类：集智股份、民德电子、南华仪器、迅游科技、会畅通讯。

把财务风险分为"高""中""低"三个等级，通过上述分析认为聚类-1：大晟文化、天润数娱这两家公司的财务状况差，发生财务风险等级高；聚类-2：盈方微这家公司的财务状况中等，发生财务风险等级中等；聚类-3：集智股份、民德电子、南华仪器、迅游科技、会畅通讯这五家公司的财务状况良好，发生财务风险等级低。

2015 年，第一类：大晟文化；第二类：盈方微、集智股份、民德电子、南华仪器、迅游科技、会畅通讯；第三类：天润数娱。

聚类-1：大晟文化的财务状况较差，经历了中等级的财务风险；聚类-2：盈方微、集智股份、民德电子、南华仪器、迅游科技、会畅通讯这六家公司的财务状况较好，经历了低等级的财务风险；聚类-3：天润数娱的财务状况最差，经历了高等级的财务风险。

2016 年，第一类：大晟文化；第二类：盈方微；第三类：天润数娱、集智股份、民德电子、南华仪器、迅游科技、会畅通讯。

聚类-1：大晟文化这家公司的财务状况好，发生财务风险等级低；聚类-2：盈方微这家的财务状况中等，发生财务风险等级中等；聚类-3：天润数娱、集智股份、民德电子、南华仪器、迅游科技、会畅通讯这六家公司的财务状况差，发生财务风险等级高。

下面总结了 2014 年、2015 年、2016 年的聚类情况，如表 6-4 所示。

表 6-4 聚类汇总

| 财务风险等级 | 2014 年 | 2015 年 | 2016 年 |
| --- | --- | --- | --- |
| 高 | 大晟文化、天润数娱 | 天润数娱 | 天润数娱、集智股份、民德电子、南华仪器、迅游科技、会畅通讯 |
| 中 | 盈方微 | 大晟文化 | 盈方微 |
| 低 | 集智股份、民德电子、南华仪器、迅游科技、会畅通讯 | 盈方微、集智股份、民德电子、南华仪器、迅游科技、会畅通讯 | 大晟文化 |

通过分析表 6-4 可以看出，盈方微的总体财务状况较好且稳定，在 2014 年和 2016 年经历的财务风险都为中等，2015 的年财务状况较好，财务风险较低。而大晟文化在三年间的财务状况逐渐好转，财务风险也在逐年降低。天润数娱在 2014 年、2015 年、2016 年的财务状况较差，都经历了较高的财务风险，可能会面临停牌的危险。集智股份、民德电子、南华仪器、

迅游科技、会畅通讯这五家企业财务状况在 2014 年、2015 年都经历了较低的财务风险，而在 2016 年呈现面临财务危机的迹象，财务风险也逐渐从低变高。

## 三、财务风险会计要素评价

主成分分析是通过提取少数几个主成分，来寻找判断某件事物的综合指标，这些主成分彼此不相关，并且可以尽可能多地保留原始变量的信息。本书分别对八家企业在 2014 年、2015 年和 2016 年关于财务风险的销售收入、流动资产、净资产收益率、营业利润、每股净资产、基本每股收益、资产负债比、负债合计、流动比率、经营现金流量净额、营业收入同比增长率、每股收益同比增长率、净资产收益率同比增长率进行主成分的提取。

### （一）2014 年数据分析结果

利用 SPSS 中 Factor 过程对八家企业在 2014 年关于财务风险四个方面的指标进行主成分分析，得到如表 6-5 所示的总方差解释表。

表 6-5　2014 年总方差解释表

| 主成分编号 | 初始特征值 | | | 平方荷载的提取和 | | | 平方荷载的旋转总和 | | |
|---|---|---|---|---|---|---|---|---|---|
| | 特征根 | 方差百分比（%） | 累计贡献率（%） | 特征根 | 方差百分比（%） | 累计贡献率（%） | 特征根 | 方差百分比（%） | 累计贡献率（%） |
| 1 | 5.900 | 45.382 | 45.382 | 5.900 | 45.382 | 45.382 | 3.211 | 24.697 | 24.697 |
| 2 | 3.172 | 24.398 | 69.779 | 3.172 | 24.398 | 69.779 | 2.613 | 20.097 | 44.794 |
| 3 | 2.156 | 16.585 | 86.365 | 2.156 | 16.585 | 86.365 | 2.310 | 17.772 | 62.566 |
| 4 | 0.762 | 5.862 | 92.227 | 0.762 | 5.862 | 92.227 | 2.156 | 16.585 | 79.151 |
| 5 | 0.573 | 4.408 | 96.636 | 0.573 | 4.408 | 96.636 | 1.650 | 12.689 | 91.839 |
| 6 | 0.343 | 2.637 | 99.273 | 0.343 | 2.637 | 99.273 | 0.944 | 7.260 | 99.100 |

表 6-5 中的主成分是按照特征根从大到小的次序排列，第一个主成分的特征根是 5.900，它解释了原始变量 45.382% 的信息；第二个主成分的特征根是 3.172，它和第一主成分累积解释了原始变量 69.779% 的信息；第三

个主成分的特征根是 2.156，它和第一主成分、第二主成分累积解释了原始变量 86.365% 的信息；第四个主成分的特征根是 0.762，它和第一主成分、第二主成分、第三主成分累积解释了原始变量 92.227% 的信息。根据图 6-3 碎石图，确定提取几个主成分。

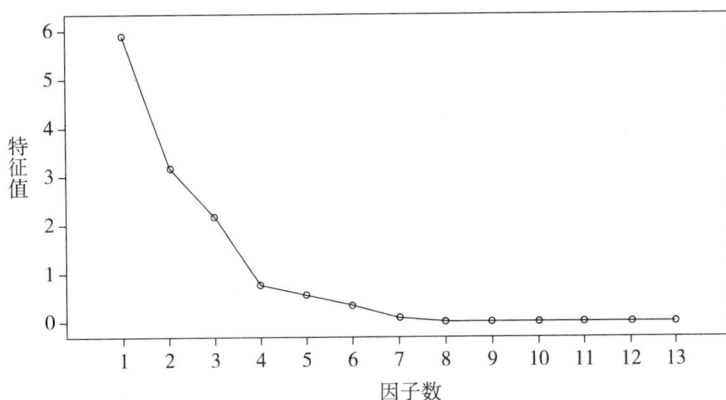

图 6-3　2014 年主成分分析碎石图

　　图 6-3 是按主成分特征根从大到小的次序排列的散点图，前三个主成分的特征根都大于 1，但第三个与第四个主成分连接起的直线比较陡峭，证明前四个主成分都代表了足够多的原始变量的信息，所以提取四个主成分较为合适。

　　旋转后的因子载荷矩阵如表 6-6 所示。由表中数据可以看出，第一主成分主要是由流动资产、净资产收益率、负债合计确定的，可以认为第一个主成分说明企业的资产状况，因此可以把第一主成分概括为资产主成分；第二个主成分主要是由营业收入同比增长率、每股收益同比增长率、净资产收益率同比增长率确定的，可以认为第二个主成分说明企业的成长能力状况，因此可以把第二主成分概括为成长主成分；第三主成分主要是由销售收入、营业利润、每股净资产、基本每股收益确定的，可以认为第三个主成分说明企业营业能力，因此可以把第三主成分概括为营业能力主成分；第四主成分主要是由资产负债比、经营现金流量净额确定的，因此可以把第四主成分概括为偿债能力主成分。

表 6-6　2014 年主成分旋转后因子载荷矩阵

| 指标 | 主成分 1 | 主成分 2 | 主成分 3 | 主成分 4 |
|---|---|---|---|---|
| 销售收入 X1 | 0.368 | 0.223 | 0.341 | −0.027 |
| 流动资产 X2 | 0.947 | −0.066 | −0.085 | −0.208 |
| 净资产收益率 X3 | 0.964 | −0.006 | −0.117 | −0.184 |
| 营业利润 X4 | −0.250 | 0.383 | 0.788 | −0.047 |
| 每股净资产 X5 | −0.221 | 0.167 | 0.460 | −0.236 |
| 基本每股收益 X6 | −0.180 | 0.361 | 0.883 | −0.022 |
| 资产负债比 X7 | 0.069 | −0.093 | −0.209 | 0.906 |
| 负债合计 X8 | 0.876 | −0.242 | −0.232 | 0.308 |
| 流动比率 X9 | 0.056 | 0.433 | 0.104 | −0.350 |
| 经营现金流量净额 X10 | −0.229 | 0.109 | 0.133 | 0.951 |
| 营业收入同比增长率 X11 | 0.273 | 0.780 | 0.380 | 0.244 |
| 每股收益同比增长率 X12 | −0.384 | 0.724 | 0.492 | 0.051 |
| 净资产收益率同比增长率 X13 | −0.236 | 0.924 | 0.222 | −0.122 |

利用表 6-6 的因子载荷矩阵写出各个主成分的表达式，用图 6-3 中的每一主成分对应的列向量除以该主成分特征根的算术平方根，得到表达式的系数（此处保留了三位小数），具体表达式如式（6-1）至式（6-4）所示。

$$F1 = 0.152 * X1 + 0.390 * X2 + 0.397 * X3 - 0.103 * X4 - 0.091 * X5 - 0.074 * X6 + 0.028 * X7 + 0.361 * X8 + 0.023 * X9 - 0.094 * X10 + 0.112 * X11 - 0.158 * X12 - 0.097 * X13 \tag{6-1}$$

$$F2 = 0.125 * X1 - 0.037 * X2 - 0.003 * X3 + 0.215 * X4 + 0.094 * X5 + 0.203 * X6 - 0.052 * X7 - 0.136 * X8 + 0.243 * X9 + 0.061 * X10 + 0.438 * X11 + 0.407 * X12 + 0.519 * X13 \tag{6-2}$$

$$F3 = 0.232 * X1 - 0.058 * X2 - 0.080 * X3 + 0.537 * X4 + 0.313 * X5 + 0.601 * X6 - 0.142 * X7 - 0.158 * X8 + 0.071 * X9 + 0.091 * X10 + 0.259 * X11 + 0.335 * X12 + 0.151 * X13 \tag{6-3}$$

$$F4 = -0.031 * X1 - 0.238 * X2 - 0.211 * X3 - 0.053 * X4 - 0.270 * X5 - 0.025 * X6 + 1.038 * X7 + 0.353 * X8 - 0.401 * X9 + 1.089 * X10 + 0.280 * X11 + 0.058 * X12 - 0.140 * X13 \tag{6-4}$$

在确定了主成分的意义和表达式后，根据四个主成分的贡献率来确定企业财务风险综合评价函数，如式（6-5）所示。

Z = 0.312 * F1 + 0.254 * F2 + 0.225 * F3 + 0.210 * F4　　（6-5）

运用式（6-5）对八家企业综合得分进行排名，得分情况如表6-7所示。

表6-7显示，天润数娱在2014年综合得分最低，表明该单位在该时期的财务风险等级较高；而迅游科技在2014年综合得分最高，表示这一年该单位的财务风险等级较低。

表6-7　2014年主成分得分

| 企业名称 | F1（资产主成分） | F2（成长主成分） | F3（营业能力主成分） | F4（偿债能力主成分） | Z（综合得分） |
|---|---|---|---|---|---|
| 大晟文化 | -0.67 | -1.43 | -1.44 | 0.60 | -0.77 |
| 盈方微 | 1.91 | -1.32 | -1.96 | -2.54 | -0.71 |
| 天润数娱 | -0.11 | -3.37 | -3.24 | 0.20 | -1.58 |
| 南华仪器 | -0.10 | 1.09 | 1.32 | -0.49 | 0.44 |
| 迅游科技 | -0.50 | 1.88 | 3.12 | 0.93 | 1.22 |
| 集智股份 | -0.21 | 0.87 | 0.69 | 0.42 | 0.40 |
| 会畅通讯 | -0.02 | 0.78 | 1.01 | 0.35 | 0.49 |
| 民德电子 | -0.30 | 1.50 | 0.49 | 0.54 | 0.51 |

## （二）2015年数据分析结果

基于2015年八家企业财务风险数据，为保证得到的主成分的解释更加合理，对指标进行了删减，剔除了销售收入和净资产收益率这两个指标，对剩余的11个指标进行主成分分析，得到总方差解释如表6-8所示。

表6-8　2015年总方差解释表

| 主成分编号 | 初始特征值 | | | 平方荷载的提取和 | | | 平方荷载的旋转总和 | | |
|---|---|---|---|---|---|---|---|---|---|
| | 特征根 | 方差百分比（%） | 累计贡献率（%） | 特征根 | 方差百分比（%） | 累计贡献率（%） | 特征根 | 方差百分比（%） | 累计贡献率（%） |
| 1 | 5.291 | 48.102 | 48.102 | 5.291 | 48.102 | 48.102 | 4.023 | 36.576 | 36.576 |
| 2 | 2.892 | 26.295 | 74.397 | 2.892 | 26.295 | 74.397 | 3.498 | 31.802 | 68.378 |
| 3 | 1.661 | 15.102 | 89.499 | 1.661 | 15.102 | 89.499 | 2.323 | 21.121 | 89.499 |

表 6-8 中按照特征根从大到小的次序排列，第一个主成分的特征根是5.291，它解释了原始变量 48.102% 的信息；第二个主成分的特征根是2.892，它和第一主成分累积解释了原始变量 74.397% 的信息；第三个主成分的特征根是 1.661，它和第一主成分、第二主成分累积解释了原始变量89.499% 的信息。再根据如图 6-4 所示的碎石图，可更准确地确定提取几个主成分合适。

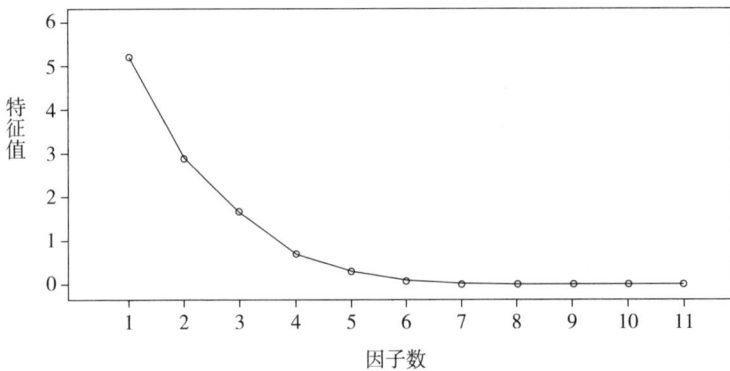

**图 6-4　2015 年主成分分析碎石图**

图 6-4 是按主成分特征根从大到小的次序排列的散点图，前三个主成分的特征根都大于 1，且连接起的直线比较陡峭，证明前三个主成分都代表了足够多的原始变量的信息，所以提取三个主成分较为合适。旋转后的因子载荷矩阵如表 6-9 所示。

**表 6-9　2015 年主成分分析旋转后的因子载荷矩阵**

| 指标 | 主成分 1 | 主成分 2 | 主成分 3 |
|---|---|---|---|
| 流动比率 X1 | 0.906 | −0.063 | 0.143 |
| 营业利润 X2 | 0.877 | −0.234 | 0.228 |
| 基本每股收益 X3 | 0.851 | −0.164 | 0.184 |
| 经营现金流量净额 X4 | 0.669 | −0.467 | 0.364 |
| 流动资产 X5 | −0.268 | 0.934 | 0.118 |
| 每股净资产 X6 | 0.249 | 0.923 | −0.088 |
| 负债合计 X7 | −0.402 | 0.901 | 0.022 |
| 资产负债比 X8 | −0.615 | 0.693 | 0.069 |

续表

| 指标 | 主成分 1 | 主成分 2 | 主成分 3 |
|---|---|---|---|
| 净资产收益率同比增长率 X9 | 0.397 | 0.242 | 0.868 |
| 每股收益同比增长率 X10 | 0.501 | 0.131 | 0.847 |
| 营业收入同比增长率 X11 | -0.424 | -0.320 | 0.766 |

由表 6-9 可以看出，流动比率、营业利润、基本每股收益、经营现金流量净额在第一主成分上所占比重较大，因此可以把第一主成分概括为营业能力主成分；流动资产、每股净资产、负债合计、资产负债比在第二主成分所占比重较大，因此可以把第二主成分概括为资产状况主成分；净资产收益率同比增长率、每股收益同比增长率、营业收入同比增长率在第三主成分所占比重较大，因此可以把第三主成分概括为成长能力主成分。利用因子载荷阵写出各个主成分的表达式，计算方法同 2014 年。表达式见附录 1。2015 年企业财务风险综合评价函数如式（6-6）所示，由此计算出的主成分得分如表 6-10 所示。

$$Z = 0.409 * F1 + 0.355 * F2 + 0.236 * F3 \qquad (6-6)$$

表 6-10　2015 年主成分得分

| 企业名称 | F1（营业能力主成分） | F2（资产状况主成分） | F3（成长能力主成分） | Z（综合得分） |
|---|---|---|---|---|
| 大晟文化 | -0.74 | 0.90 | -1.44 | -0.32 |
| 盈微方 | -1.30 | -0.51 | 1.83 | -0.28 |
| 天润数娱 | -2.64 | -0.46 | -4.37 | -2.27 |
| 南华仪器 | 1.08 | 1.20 | 0.68 | 1.03 |
| 迅游科技 | 0.99 | -0.15 | 0.73 | 0.53 |
| 集智股份 | 0.74 | 0.27 | 0.46 | 0.50 |
| 会畅通讯 | 0.65 | -0.49 | 0.52 | 0.22 |
| 民德电子 | 1.22 | -0.77 | 1.59 | 0.60 |

通过分析表 6-10，可以明显看出天润数娱 2015 年在三个主成分的得分均处于较低的水平，相应的综合得分最低，说明天润数娱在 2015 年经历了高等级的财务风险。大晟文化的综合得分次低，尤其在成长能力主成分上的得分较低；盈方微的综合得分也较低，并且其在营业能力主成分和资产

状况主成分上的得分在八家企业中的水平都较低，所以这两家公司在 2015
年都可能经历了比较高的财务风险。其余的五家企业在营业能力主成分和
成长能力主成分上的得分都基本处于较高的水平，而普遍在资产状况主成
分上的得分处于较低的水平，综合得分上南华仪器的综合得分最高，这可
以充分说明南华仪器在 2015 年的财务状况最好，经历的财务风险也最低。

### （三）2016 年数据分析结果

2016 年八家企业关于财务风险的主成分分析总方差解释，如表 6-11
所示。

表 6-11　2016 年财务风险主成分分析总方差解释表

| 主成分编号 | 初始特征值 | | | 平方荷载的提取和 | | | 平方荷载的旋转总和 | | |
|---|---|---|---|---|---|---|---|---|---|
| | 特征值 | 方差百分比（%） | 累计贡献率（%） | 特征值 | 方差百分比（%） | 累计贡献率（%） | 特征值 | 方差百分比（%） | 累计贡献率（%） |
| 1 | 7.391 | 56.855 | 56.855 | 7.391 | 56.855 | 56.855 | 7.382 | 56.782 | 56.782 |
| 2 | 2.527 | 19.436 | 76.291 | 2.527 | 19.436 | 76.291 | 2.195 | 16.887 | 73.669 |
| 3 | 1.752 | 13.481 | 89.772 | 1.752 | 13.481 | 89.772 | 2.093 | 16.103 | 89.772 |

表 6-11 按照特征根从大到小的次序列出了三个主成分，第一个主成分
的特征根是 7.391，它解释了原始变量 56.855%的信息；第二个主成分的特
征根是 2.527，它和第一主成分累积解释了原始变量 76.291%的信息；第三
个主成分的特征根是 1.752，它和第一主成分、第二主成分累积解释了原始
变量 89.722%的信息。

根据碎石图确定提取三个主成分较为合适，相应的碎石图如图 6-5 所
示。旋转后的因子载荷矩阵如表 6-12 所示。

表 6-12　2016 年旋转因子载荷矩阵

| 指标 | 主成分 1 | 主成分 2 | 主成分 3 |
|---|---|---|---|
| 销售收入 X1 | 0.369 | 0.901 | -0.015 |
| 流动资产 X2 | 0.931 | 0.148 | -0.065 |
| 净资产收益率 X3 | -0.213 | 0.933 | 0.002 |
| 营业利润 X4 | 0.870 | -0.264 | 0.026 |

续表

| 指标 | 主成分1 | 主成分2 | 主成分3 |
|---|---|---|---|
| 每股净资产 X5 | 0.833 | -0.242 | 0.423 |
| 基本每股收益 X6 | 0.510 | -0.407 | 0.694 |
| 资产负债比 X7 | 0.713 | 0.055 | -0.334 |
| 负债合计 X8 | 0.985 | 0.056 | -0.126 |
| 流动比率 X9 | -0.520 | -0.279 | 0.771 |
| 经营现金流量净额 X10 | 0.961 | 0.158 | 0.206 |
| 营业收入同比增长率 X11 | -0.083 | -0.295 | -0.809 |
| 每股收益同比增长率 X12 | 0.982 | 0.002 | -0.034 |
| 净资产收益率同比增长率 X13 | 0.990 | 0.035 | 0.083 |

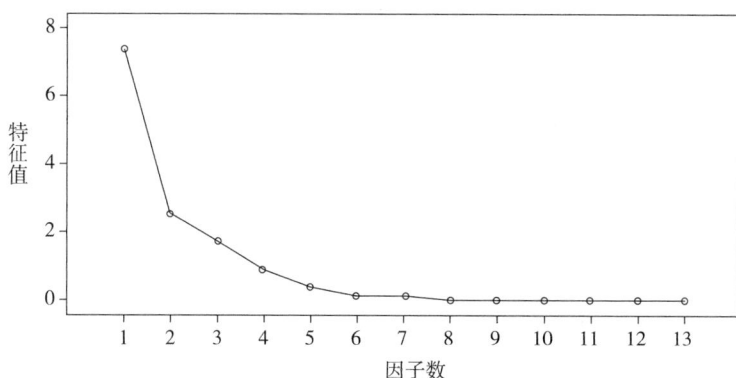

图 6-5　2016 年财务风险主成分分析碎石图

　　由表 6-12 可以看出，流动资产、营业利润、每股净资产、负债合计、经营现金流量净额、每股收益同比增长率、净资产收益率同比增长率在第一主成分上所占比重较大，因此把第一主成分概括为综合能力主成分；销售收入、净资产收益率在第二主成分所占比重较大，把第二主成分概括为营业能力主成分；基本每股收益、流动比率在第三主成分所占比重较大，则把第三主成分概括为偿债能力主成分。利用因子载荷矩阵写出各个主成分的表达式，见附录 1。

　　在确定了主成分的意义和表达式后，根据四个主成分的贡献率写出财务风险综合评价函数，如式（6-7）所示。

$$Z = 0.633 * F1 + 0.188 * F2 + 0.179 * F3 \qquad (6-7)$$

根据综合评价函数，写出八家企业综合得分情况如表6-13所示。

**表6-13　2016年八家企业主成分得分**

| 企业名称 | F1（综合能力主成分） | F2（营业能力主成分） | F3（偿债能力主成分） | Z（综合得分） |
|---|---|---|---|---|
| 大晟文化 | 3.72 | -0.09 | 1.81 | 2.66 |
| 盈方微 | -0.84 | 3.48 | -1.09 | -0.07 |
| 天润数娱 | -0.92 | -0.70 | -2.82 | -1.22 |
| 南华仪器 | 0.03 | -0.49 | 0.30 | -0.02 |
| 迅游科技 | -1.29 | 0.07 | -0.38 | -0.87 |
| 集智股份 | 0.08 | -1.13 | 0.88 | -0.01 |
| 会畅通讯 | -1.00 | 0.06 | -0.03 | -0.63 |
| 民德电子 | 0.23 | -1.20 | 1.32 | 0.16 |

表6-13显示了2016年八家企业综合得分，天润数娱综合得分最低，经历了高等级的财务风险；大晟文化的综合得分最高，在经历了2014年和2015年较为高等级的财务风险后，在2016年财务风险有所降低。其余六家企业中集智股份和民德电子的综合得分次高，在2016年也经历了较为低等级的财务风险。

## 四、财务风险等级与指标评价

根据上文聚类分析和主成分分析的结果，对八家科技型中小企业在2014年、2015年、2016年的财务风险进行评级，评级结果，如表6-14所示。

**表6-14　2014~2016年财务风险等级情况**

| 年份 | 财务等级 | 企业名称 |
|---|---|---|
| 2014 | 一等级 | 民德电子、会畅通讯、南华仪器、迅游科技 |
| | 二等级 | 集智股份、盈方微 |
| | 三等级 | 大晟文化、天润数娱 |

续表

| 年份 | 财务等级 | 企业名称 |
|---|---|---|
| 2015 | 一等级 | 民德电子、集智股份、南华仪器、迅游科技 |
| | 二等级 | 会畅通讯、大晟文化 |
| | 三等级 | 盈方微、天润数娱 |
| 2016 | 一等级 | 大晟文化 |
| | 二等级 | 盈方微、民德电子 |
| | 三等级 | 天润数娱、集智股份、南华仪器、迅游科技、会畅通讯 |

为了探究不同风险等级之间的内在差别，分别从销售收入、流动资产、净资产收益率、营业利润、每股净资产、基本每股收益、资产负债比、负债合计、流动比率、经营现金流量净额、营业收入同比增长率、每股收益同比增长率、净资产收益率同比增长率 13 个因素进行单因素的方差分析，识别出哪些财务指标在三个财务风险等级中有显著性差异。

2014 年单因素的方差分析结果如表 6-15 所示。

表 6-15　2014 年单因素方差分析结果

| 指标名称 | P 值 | 显著性水平 0.05 | 显著性水平 0.1 |
|---|---|---|---|
| | | 是否显著 | 是否显著 |
| 销售收入 | 0.149 | 否 | 否 |
| 流动资产 | 0.166 | 否 | 否 |
| 净资产收益率 | 0.263 | 否 | 否 |
| 营业利润 | 0.069 | 否 | 是 |
| 每股净资产 | 0.296 | 否 | 否 |
| 基本每股收益 | 0.166 | 否 | 否 |
| 资产负债比 | 0.350 | 否 | 否 |
| 负债合计 | 0.436 | 否 | 否 |
| 流动比率 | 0.060 | 否 | 是 |
| 经营现金流量净额 | 0.681 | 否 | 否 |
| 营业收入同比增长率 | 0.087 | 否 | 是 |
| 每股收益同比增长率 | 0.067 | 否 | 是 |
| 净资产收益率同比增长率 | 0.061 | 否 | 是 |

创新驱动背景下科技型中小企业财务风险识别与评价研究

通过表6-15可知，2014年数据显示，在0.05的显著性水平下，13个指标的P值均大于0.05，这三个组间不存在显著性差异，即不同的财务风险等级对选取的八家企业这13个财务指标没有显著的影响。在0.1显著性水平下，营业利润、流动比率、营业收入同比增长率、每股收益同比增长率、净资产收益率同比增长率五项指标存在显著差异，即以上五项指标在三个风险级别之间存在显著性差异，通过多重比较分析以确定具体在哪些级别之间存在显著性差异。

经过多重比较分析，表明在0.05显著性水平下，营业利润在一级风险和三级风险之间均存在差异；流动比率在一级风险和二级风险之间、一级风险和三级风险之间均存在差异；营业收入同比增长率在一级风险和三级风险之间存在差异；每股收益同比增长率在一级风险和三级风险之间均存在差异；净资产收益率同比增长率在一级风险和三级风险之间均存在差异。

2015年单因素的方差分析结果如表6-16所示。

表6-16　2015年单因素方差分析结果

| 指标名称 | P值 | 显著性水平0.05<br>是否显著 | 显著性水平0.1<br>是否显著 |
|---|---|---|---|
| 销售收入 | 0.892 | 否 | 否 |
| 流动资产 | 0.350 | 否 | 否 |
| 净资产收益率 | 0.376 | 否 | 否 |
| 营业利润 | 0.067 | 否 | 是 |
| 每股净资产 | 0.290 | 否 | 否 |
| 基本每股收益 | 0.066 | 否 | 是 |
| 资产负债比 | 0.059 | 否 | 是 |
| 负债合计 | 0.259 | 否 | 否 |
| 流动比率 | 0.038 | 是 | 是 |
| 经营现金流量净额 | 0.243 | 否 | 否 |
| 营业收入同比增长率 | 0.425 | 否 | 否 |
| 每股收益同比增长率 | 0.370 | 否 | 否 |
| 净资产收益率同比增长率 | 0.454 | 否 | 否 |

2015年单因素方差结果表明，在0.05的水平下，只有流动比率这一个指标在不同的财务风险等级中存在显著差异。在显著性水平为0.1时，营业

— 110 —

利润、基本每股收益、资产负债比、流动比率四项指标在不同风险等级之间存在显著差异。具体哪些风险等级之间不同，需要进行多重比较分析。

多重比较分析表明，营业利润在一级风险和三级风险之间存在差异；基本每股收益在一级风险和三级风险之间存在差异；资产负债比在一级风险和二级风险之间存在差异；流动比率在一级风险和二级风险之间、一级风险和三级风险之间均存在差异。

2016 年单因素的方差分析结果如表 6-17 所示。

**表 6-17 2016 年单因素方差分析结果**

| 指标名称 | P 值 | 显著性水平 0.05 | 显著性水平 0.1 |
|---|---|---|---|
| | | 是否显著 | 是否显著 |
| 销售收入 | 0.013 | 是 | 是 |
| 流动资产 | 0.202 | 否 | 否 |
| 净资产收益率 | 0.019 | 是 | 是 |
| 营业利润 | 0.026 | 是 | 是 |
| 每股净资产 | 0.361 | 否 | 否 |
| 基本每股收益 | 0.193 | 否 | 否 |
| 资产负债比 | 0.001 | 是 | 是 |
| 负债合计 | 0.459 | 否 | 否 |
| 流动比率 | 0.000 | 是 | 是 |
| 经营现金流量净额 | 0.835 | 否 | 否 |
| 营业收入同比增长率 | 0.000 | 是 | 是 |
| 每股收益同比增长率 | 0.000 | 是 | 是 |
| 净资产收益率同比增长率 | 0.300 | 否 | 否 |

2016 年单因素方差分析显示，在 0.05 的水平下，共有 7 项财务指标在不同的财务风险等级中存在显著差异，7 项指标分别为：销售收入、净资产收益率、营业利润、资产负债化、流动比率、营业收入同比增长率、每股收益同比增长率。多重比较分析结果与之前年度相似，在此不再赘述。

## 五、财务指标关系评价

考虑到数据获取的完整性，从三个行业中各选择一家企业，最终选择结果为：信息技术行业的天润数娱、通信设备行业的盈方微，仪器仪表行业的南华仪器。下面对选取的三个企业分别进行分析。

### (一) 天润数娱

1. 杜邦分析图

由于上面已经绘制出杜邦分析系统的基本框架图，此处便不再绘制，仅将相关的指标数据列在表6-18中。

表6-18　天润数娱2014~2016年指标分解表

| 年份<br>项目 | 2014 | 2015 | 2016 |
|---|---|---|---|
| 净资产收益率（%） | 0.70 | -0.50 | 8.00 |
| 权益乘数 | 1.25 | 1.22 | 1.18 |
| 总资产收益率（%） | 0.50 | -4.00 | 9.00 |
| 资产负债率（%） | 20.00 | 18.00 | 15.00 |
| 销售净利率（%） | 4.00 | -27.00 | 41.00 |
| 总资产周转率（%） | 14.00 | 14.00 | 21.00 |
| 净利润（万元） | 64.10 | -438.80 | 5411.30 |
| 营业总收入（万元） | 1678.90 | 1651.10 | 13100.00 |
| 全部成本（万元） | 1625.20 | 2071.30 | 7858.70 |
| 营业成本（万元） | 754.70 | 753.50 | 1237.80 |
| 销售成本（万元） | 4.30 | 5.00 | 1887.40 |
| 管理成本（万元） | 868.70 | 1315.60 | 4986.20 |
| 财务成本（万元） | -2.50 | -2.80 | -252.70 |

2. 分析企业内部管理能力

净资产收益率作为杜邦分析系统的核心指标，反映的是企业的获利能力及各项经营活动的效率。如表6-18所示，天润数娱在2014~2016年的净资产收益率呈现出先下降后上升的交替现象，但总体来看是上升的，2016年比2014年增长了9倍。净资产收益率的波动很大程度上是由总资产收益率的不稳定所造成的，说明企业资产运用效率存在波动性，虽然在2016年该指标是大幅上升的，但作为上市企业，应该做到在企业平稳发展的基础上实现创新和盈利。且该企业的净资产收益率低于行业平均水平，说明相较于同行业的其他公司而言，该企业对资产的利用效果较差。

结合表 6-18 与图 6-1 可知，净资产收益率的变动与总资产收益率的关系较大。销售净利率从 2014 年的 4% 下降到 2015 年的 -27%，带来了总资产收益率的下降；而 2016 年总资产收益率的上升是销售净利率与总资产周转率共同作用的结果，总资产周转率由 14% 上升至 21%，增长率为 50%，说明企业资金运用更为灵活。2015 年销售净利率的下降受到了净利润与营业总收入的共同影响，在净利润下降 500 万元的同时，营业总收入仅下降 20 万元；而 2016 年，净利润 10 倍以上的增长率使销售净利润迅速上升。2015 年，全部成本变化不大，但是 2016 年全部成本由 2071.3 万元上升至 7858.7 万元，是 2015 年的近 4 倍，其中涨幅最大的是销售成本，从 2015 年的 5 万元增长到 2016 年的 1887.4 万元；其次是管理成本，从 2015 年的 1315.6 万元增长到 2016 年的 4986.2 万元，涨幅近 3 倍；最后是营业成本，上涨 64%，在四类成本中，只有财务成本在下降，各类成本的大幅度上升应引起重视，在其他成本上升的同时，财务成本出现了大幅度的下降，说明企业在成本费用的结构规划上不够合理。

通过以上对指标的层层分解，可以看出，净资产收益率的上升主要得益于营业收入的增加，虽然在营业收入上升的同时全部成本的投入也在增加，但是相较于营业收入近 7 倍的上升幅度来讲，全部成本的上升幅度较小，从而带来销售净利率的增加。销售净利率与总资产周转率的增加，最终带来净资产收益率的增加，说明企业对资产的利用效率能力是不断提高的；但不容忽视的是，该企业的资产利用效率并未达到行业平均水平，所以企业经营者在继续增加营业收入的同时应当重视成本支出，降低经营费用，提高净利润。

3. 分析资本结构及风险

权益乘数主要受资产负债率的影响。三年间其权益乘数一直在小幅度下降，说明负债程度在下降，降低了财务风险的可能性。同时，其权益乘数在三年间一直低于行业平均水平（1.75）①，说明与该行业的其他企业相比，该企业的负债程度较低，财务风险可能性较小，但较低的权益乘数也说明企业采取的是稳健的经营战略，虽然降低了财务风险，但也限制了企业的发展。所以应该在保证财务安全的前提下适当提高权益乘数，增加负

---

① 数据来源：湖南天润数字娱乐文化传媒股份有限公司 2014~2016 年年度报告。

债，以此获得资金拓展业务。

综上所述，天润数娱在盈利能力上低于行业平均水平，甚至在 2015 年其净资产收益率出现负值，所以该企业：首先，必须高度重视提高盈利能力这一问题；其次，增加营业收入的同时应降低成本，并保证成本投入结构的合理性；再次，要提高总资产的周转率，增加资金运用的灵活性；最后，在合理控制财务风险的基础上，适当增加负债。

### （二）盈方微

1. 杜邦分析图

同上，先将杜邦分析系统中所需的指标数据摘录于表格中，如表 6-19 所示。

表 6-19　盈方微 2014~2016 年指标分解表

| 项目＼年份 | 2014 | 2015 | 2016 |
|---|---|---|---|
| 净资产收益率（%） | 1.1 | 3.7 | 3.4 |
| 权益乘数 | 1.4 | 1.3 | 1.1 |
| 总资产收益率（%） | 0.8 | 2.6 | 3.1 |
| 资产负债率（%） | 29 | 79 | 11 |
| 销售净利率（%） | 3 | 5.6 | 5.1 |
| 总资产周转率（%） | 30 | 51 | 62 |
| 净利润（万元） | 518.7 | 2100.9 | 2417.2 |
| 营业总收入（万元） | 17491.6 | 37572.1 | 47636.4 |
| 全部成本（万元） | 17457.4 | 35269.1 | 46445.4 |
| 营业成本（万元） | 10771.2 | 24887.3 | 32217.1 |
| 销售成本（万元） | 403.5 | 404.1 | 634.1 |
| 管理成本（万元） | 6198.5 | 10524.3 | 11554.8 |
| 财务成本（万元） | 67.9 | −888.2 | −990.9 |

2. 分析企业内部管理结构

如表 6-19 所示，盈方微的净资产收益率从 2014 年的 1.1% 增长到 2015 年的 3.7%，后又在 2016 年下降到 3.4%，而同属通信设备行业的民德电子，其净资产收益率在 2014~2016 年均远远超过盈方微，分别为 63%、

38%和29%，且该行业三年间的平均净资产收益率为23%，[1] 说明盈方微的净资产收益率较低，即企业利用自有资本获得利润的能力较低，盈利能力需要进一步提高。在权益乘数上，盈方微与同行业的其他企业无明显高低差异，但总资产收益率远远低于其他企业，即净资产收益率低下主要是由总资产收益率造成的，说明该企业对资金的利用效果较差，经营者并未做到最大化地利用企业资产，造成了资产的低效使用，甚至是资产浪费；但是三年间总资产收益率呈上升趋势说明该企业在资产利用效率上开始好转。

总资产收益率在三年间不断上升是销售净利率与总资产周转率共同作用的结果，总资产周转率在三年间呈现上升趋势，说明该企业的资金利用更加灵活；2016年销售净利率虽然出现了轻微的下降，但是综合三年来看，依旧有了1倍的增长，但是总资产收益率虽然一直上升却依旧低于同行业的平均水平，主要是因为销售净利率与总资产周转率均未达到行业平均水平，尤其是销售净利率，远远低于20%的行业平均销售净利率。净利润的增长使销售净利率上升，但同时营业总收入的增长导致销售净利率始终低于行业的平均水平。全部成本在三年间增长了近2倍，其中营业成本增长2倍，销售成本增长57%，管理成本增加86%，只有财务成本在下降，因此企业经营者应降低企业成本，增加净利润。

综上可以看出，导致盈方微净资产收益率低下的原因是营业总收入增长的同时，总成本也在大幅度增长，尤其是营业成本、管理成本与销售成本，导致净利润增长较慢，也限制了销售净利率的上升；而净资产收益率的小幅提高得益于总资产周转率的上升。

3. 分析资本结构与风险

从表6-19中可以看出，盈方微与天润数娱的权益乘数大致相同，且三年间权益乘数在不断下降，说明其负债程度在降低，偿债能力在上升，陷入债务风险的可能性较小；但与通信设备行业1.3[2]的平均水平相比，其权益乘数在2016年略低，说明采取的经营策略较为保守，这样虽然降低了企业的偿债风险，但不利于企业拓展业务。

综合以上分析可以看出，盈方微的盈利能力低于行业平均水平，所以：首先，要提高盈利能力与资金利用效率；其次，降低企业成本，增加净利润；

---

① 数据来源：深圳市民德电子科技股份有限公司2014~2016年年度报告。

② 数据来源：盈方微电子股份有限公司2014~2016年年度报告。

再次，企业要继续提升总资产周转率，增加资金利用的灵活性；最后，经营者可以在保证财务安全的基础上增加权益乘数，以此增加负债，扩大企业规模。

### （三）南华仪器

**1. 杜邦分析图**

将杜邦分析系统中使用到的指标数据摘录于表6-20中。

表6-20　南华仪器2014~2016年指标分解表

| 年份<br>项目 | 2014 | 2015 | 2016 |
|---|---|---|---|
| 净资产收益率（%） | 16 | 9.1 | 9.1 |
| 权益乘数 | 1.2 | 1.1 | 1.1 |
| 总资产收益率（%） | 15 | 11 | 8.7 |
| 资产负债率（%） | 15 | 8 | 9.1 |
| 销售净利率（%） | 21 | 19 | 20 |
| 总资产周转率（%） | 71 | 55 | 43 |
| 净利润（万元） | 3006.4 | 3227.6 | 3512.3 |
| 营业总收入（万元） | 14584.8 | 16898.1 | 17523.8 |
| 全部成本（万元） | 11249.1 | 13456.6 | 14155 |
| 营业成本（万元） | 7693.1 | 9156.2 | 10077.1 |
| 销售成本（万元） | 1667.6 | 2118.2 | 2302.9 |
| 管理成本（万元） | 2008.7 | 2591.9 | 2463.3 |
| 财务成本（万元） | -216.9 | -505.4 | -700 |

**2. 分析企业内部管理结构**

净资产收益率从2014年的16%下降到2015年与2016年的9.1%，说明企业利用自身资产获得利润的能力在下降；与同行业的集智股份相比，净资产收益率较低，2014年与2015年分别为24%和19%，南华仪器应借鉴其他企业的经营措施以提高自身的盈利能力①。如表6-20所示，净资产收益率的下降是权益乘数与总资产收益率同时下降的结果，尤其是总资产收益率，从2014年的15%下降到2016年的8.7%，说明资金利用效率在降低。

---

① 数据来源：杭州集智机电股份有限公司2014~2016年年度报告。

而总资产收益率下降是由于总资产周转率的下降，从 2014 年的 71% 到 2015 年的 55%，再到 2016 年的 43%，说明该企业在资金运用上受到限制，且越来越多的资金无法实现周转，资金运转能力不断下降，长此下去，会使企业陷入资金营运财务危机。净利润与营业总收入三年间都处于上升阶段，上升幅度相差无几，所以销售净利润无明显变化。从全部成本来看，由 2014 年的 11249.1 万元增长至 2016 年的 14155 万元，增长率为 26%，其中涨幅最大的是销售成本，增长率为 38%；其次是营业成本，由 2014 年的 7693.01 万元增长至 10077.09 万元，增长率为 31%；最后是管理成本，涨幅为 23%，财务成本依旧是持续下降，从增加幅度来看，各类成本及总成本在三年间的增长幅度不大，所以净利润一直缓慢上升的原因不是成本的增加，而是营业总收入的涨幅较小，无法带动净利润的大幅上升。

通过指标分解可以看出，净资产收益率下降是总资产周转率下降导致的，而营业收入的上升幅度低于全部成本的上升幅度，放慢了净利润的增长速度，最终导致净资产收益率的下降。

3. 分析资本结构与风险

2014~2015 年，南华仪器的权益乘数无明显变化，说明在此期间，该企业的资本结构未发生变化；与同行业其他企业的权益乘数及行业平均水平相比也没有明显的差距。①

综上所述，南华仪器在盈利能力上存在与天润数娱及盈方微相同的问题，即盈利能力较低，低于行业平均水平；总资产周转率不断下降，资金无法自由利用；营业总收入增长较慢，三年间仅增长 20%；负债方面，企业暂时不存在债务危机，可以适当增加权益乘数。

## 六、财务状况评价

### （一）Logistic 预警模型

Logistic 函数又叫增长函数，是一个非线性模型，主要用来对多因素影响的事件进行概率预测，它是普通多元线性回归模型的进一步扩展。Logistic 回归模型对于变量的分布没有具体要求，可以使用于连续性和类别

---

① 数据来源：佛山市南华仪器股份有限公司 2014~2016 年年度报告。

性变量，其容易使用和解释。Logistic 回归根据样本数据，采用一系列财务指标，使用最大似然估计法估计未知参数，可求得应变量的取值概率。如果算出的概率大于设定的分割点，则判定该公司将陷入财务危机。

Logistic 函数的一般表达式如式（6-8）所示。

$$P = \frac{1}{1+e^{-z}} \tag{6-8}$$

其中，Z 是关于自变量的线性组合，即 $Z = \beta_0 + \beta_1 X_1 + \beta_2 X_2 + \cdots + \beta_n X_n$。将这个表达进一步变形如式（6-9）所示。

$$\ln \frac{P}{1-P} = \sum \beta_i X_i \tag{6-9}$$

其中，P 为某事件发生的概率，取值范围为（0-1），该事件不发生的概率为 1-P。Logistic 模型的表达如式（6-10）所示，也可以如式（6-11）所示。

$$P = \frac{\exp(\beta_0 + \beta_1 x_1 + \beta_2 x_2 + \cdots + \beta_n x_n)}{1 + \exp(\beta_0 + \beta_1 x_1 + \beta_2 x_2 + \cdots + \beta_n x_n)} \tag{6-10}$$

$$P = \frac{1}{1 + \exp[-(\beta_0 + \beta_1 x_1 + \beta_2 x_2 + \cdots + \beta_n x_n)]} \tag{6-11}$$

模型中 $\beta_0$ 是常数项，表示自变量取值全为 0 时，比数的自然对数值，参数 $\beta_i$ 称为 Logistic 回归系数，表示当其他自变量取值保持不变时，该自变量取值增加一个单位引起比数的自然对数值的变化量。

### （二）Logistic 预警模型计算

本节仍采用前文运用的八家创新型企业财务数据，应用 SPSS 统计分析软件对提取的四个财务预警指标，即四个主成分 $F_1$、$F_2$、$F_3$、$F_4$ 进行主成分 Logistic 预警模型分析。这里的因变量（Y）即概率值 P 取 0 或 1，模型选取的八家企业有两家企业被停牌，财务出现严重风险，风险预警概率值为 1，剩余六家为财务正常企业，风险概率值为 0，整理后的数据如表 6-21 所示。

表 6-21 估计样本组企业预警得分

| 企业 | Y | 第一主成分得分（$F_1$） | 第二主成分得分（$F_2$） | 第三主成分得分（$F_3$） | 第四主成分得分（$F_4$） |
| --- | --- | --- | --- | --- | --- |
| 大晟文化 | 0 | 4965987620.0 | −648687963.3 | 58909887.6 | −595078486.4 |
| 盈方微 | 0 | 1702262264.0 | −916451559.8 | 414953028.9 | −264116018.3 |

续表

| 企业 | Y | 第一主成分得分（$F_1$） | 第二主成分得分（$F_2$） | 第三主成分得分（$F_3$） | 第四主成分得分（$F_4$） |
|---|---|---|---|---|---|
| 天润数娱 | 1 | 1760942046.0 | −257177660.3 | −3660313.4 | −235531775.0 |
| 南华仪器 | 0 | 1026789622.0 | −290641489.2 | 116236745.5 | −134293467.5 |
| 迅游科技 | 0 | 1693865689.0 | −306906107.3 | 48554782.7 | −221346267.6 |
| 集智股份 | 0 | 788747420.3 | −173430980.5 | 52858711.7 | −106379502.8 |
| 会畅通讯 | 1 | 643701891.0 | −395988556.0 | 229121081.3 | −71560354.6 |
| 民德电子 | 0 | 582868702.5 | −181448328.9 | 108202229.3 | −65920240.6 |

利用统计分析软件估计模型参数并进行模型检验，得出 Logistic 模型如式（6-12）所示。

$$P = (Y_i = 1 \mid F_1, F_2, F_3, F_4) = \frac{1}{1 + \exp(-Z)} \tag{6-12}$$

其中

$$Z = 1.568 + 3.37F_1 - 2.64F_2 - 3.78F_3 + 5.44F_4 \tag{6-13}$$

计算结果表明，企业财务风险的概率与企业经营、盈利、偿债和成长能力指标有明显的相关关系。企业财务风险概率与第一主成分（体现企业经营、盈利和偿债能力）存在正相关关系，即随着第一主成分得分的变化，企业发生财务风险的概率随之变化。第四主成分得分与企业财务风险概率也成正比，而第二、第三主成分得分则与企业财务风险成反比，即表明随着第二或第三主成分得分的提高，企业发生财务风险的概率将降低。

### （三）Logistic 预警模型检验

在 Eviews 软件中的模型估计输出窗口，选择 View/Expectation Prediction Table 后，打开一个对话框，在对话框中输入一个截断值 P（0<P<1），系统默认的截断值为 0.5，这里我们选取的截断值为 0.75，点击 OK 后就可以生成对应的期望—预测表。根据软件输出的拟合值和真实值结果，表明模型的拟合度较好。

将 2014 年度、2015 年度科技型中小企业数据代入 Logistic 公式对模型进行检验，即可预测出 2016 年度财务危机公司与财务正常公司的结果。

本书样本中财务危机公司与正常公司比例为 1:3，因此选取 0.75 作为判别点。P<0.75 时，为财务危机公司；否则，为财务状况正常公司。

# 小　结

　　财务风险评价就是对由于各种不确定性因素造成企业的未来财务结果偏离预期财务目标的可能性采用一定的方法进行确定、量化的一种管理活动。通常会采用定性和定量相结合、主观和客观相结合的方式来对其进行评价。财务风险评价的方法有很多，本章基于第五章对八家样本企业财务风险的识别，创新地采用聚类分析法、主成分分析法度量财务风险，同时采用单因素方差分析法识别出八家样本公司中哪些财务指标在三个财务风险等级中有显著差异，从而识别出哪些财务指标受到财务风险的影响。最后运用 Logistic 预警模型得出结论，本书样本企业中财务危机公司与正常公司比例为 1∶3，因此，选取 0.75 作为判别点，当 P<0.75 时，为财务危机公司；否则，为财务状况正常公司。

# 第七章　案例分析

考虑到数据获取的完整性和数据典型性，本章选取大晟文化、迅游科技和盈方微三家科技型中小企业在创新驱动背景下分析其财务风险。

## 第一节　大晟文化财务风险个体评价

### 一、公司财务整体评价

#### （一）公司生产经营评价

2014～2015 年，受宏观经济和市场环境的影响，国内经济增速回落，投资规模与需求水平均有所下降，钢材市场呈现供大于求的局面，国内钢材价格持续低位运行，对钢材贸易行业的经营企业构成极大挑战，行业利润水平持续走低，公司盈利水平也持续下降。所以大晟文化在 2015 年开始转型，主营业务发生变化。在 2015 年之前，主营业务为钢材贸易，2015 年 1 月开始收购中传联动与淘乐网络，并于 2015 年 12 月正式完成对两家企业的收购，自此，大晟文化的主营业务由钢材贸易转变为影视文化与网络游戏，主要负责影视剧等文化产业的制作与投资。由于公司在主营业务上的全面转型，2015 年公司的净利润与基本每股收益均下降近 2 倍，营业收入下降 73.74%，但总资产增加 16 倍，资产负债率也实现了大幅降低。

近年来，科学技术越来越成为推动经济社会发展的主要力量，从全球范围来看，创新驱动是大势所趋。在创新驱动发展战略的指引下，我国经济结构稳步调整，居民生活水平继续提升，对教育、文化、娱乐的需求持续增加。以创新驱动作为发展战略，是现阶段我国发展社会生产力与国民经济的重要原则性战略，我国应在各个方面努力贯彻实施这一伟大战略，以创新推动社会生产力与国民经济发展，力求在 2020 年构建创新型的社会主义现代化国家。对于发展我国的国民经济而言，创新的关键要素在于培育具有创新能力的主体，培养我国的企业形成自主的创新机制，因而怎样发展企业的科技创新能力，大力促进创新型、科技型企业在发展国民经济中应当起到的重要作用，就成为我国现阶段社会主义建设工作的关键性问题。在国家政策的引导和支持下，文化创意产业步入了跨越式发展的新阶段。作为国家的战略性产业，文化产业是构建现代产业体系的核心环节，也是推动我国加快转变经济增长的重要方式。大晟文化紧抓我国影视文化产业升级面临的良好发展机遇，实施产业链战略布局，成功改善公司的财务困境，实现利润由负到正的增长，从根本上降低了企业的财务风险。

## （二）公司财务评价

大晟文化在 2014~2016 年销售收入增加迅速，从 2014 年的 7399 万元上升到 2016 年的 35597 万元，增长 3.8 倍，且资产负债率在三年间不断下降，说明企业的债务风险较小；但是大晟文化的资产周转率在此期间出现下降，说明该公司存在潜在的资金周转危机；从盈利能力上来看，每股净资产波动较大，盈利尚有上升空间。综合来看，大晟文化在资金周转与盈利能力上存在潜在的财务风险，需要及时调整。

## 二、公司财务风险因素

### （一）外部风险因素

1. 行业竞争加剧的风险

（1）影视剧方面。近年来，国产电影的数量和质量均得到了较大程度的提高，但 2016 年的市场表现并不乐观，中国的电影市场能否在 2017 年呈现繁荣景象仍然有待验证。同时，影片放映的档期，将不可避免地出现上映日期难以协调、观影人群分流的竞争局面。随着网络媒体的迅速发展，对传统的影视剧播放模式提出了新的挑战。

（2）游戏产业方面。游戏行业的市场空间不断拓展，市场竞争也越发激烈。因此，如果在未来的市场竞争中不能保持或进一步提高自身的竞争优势，打造经典IP，快速占有市场及持续发展经营IP，将会对经营业绩产生重要影响。

2. 影视剧作品销售的风险

影视剧是一种文化产品，观众主要根据自己的主观偏好和生活经验来决定是否观看影视剧作品。观众对影视剧作品的接受程度，最终体现为电视剧收视率或电影票房收入等指标。由于影视企业一直处于新产品的推出和销售的状态，产品的认可度和畅销度，以及投资回报等的不确定性都有可能带来风险。

3. 政策风险

无论是影视、游戏行业或股权投资方面，均存在着受政策或国际局势变化影响所导致的风险，主要拍摄团队成员选用、题材等方面均存在不确定性，存在导致影视项目在后期发行上的困难及风险。行业规定的更新或新政也将导致影视或游戏行业面临新的挑战。

## （二）内部风险因素

1. 整合风险

由于公司的业务转型及业务发展，在2016年公司广纳贤才，由于转型业务的影视及游戏业务具有较强的专业性，上市公司需要持续对上述板块的资产、业务、管理团队继续进行整合和创新，形成业务之间的互补性和协同性。整合和创新过程中若公司未能及时制定与之相适应的企业文化、组织模式、财务管理与内控、人力资源管理、技术研发管理等方面的具体整合措施，可能会对收购子公司的经营产生不利影响。

2. 募集资金投资项目实施的风险

公司虽然在对募集资金项目的市场前景进行分析时已经考虑到了未来的市场状况，并做好了应对准备，但也不能排除因被并购公司的市场开拓未能达到预期，目前收购公司在业绩承诺期内，仍有不能实现预期收益的风险。

3. 网络游戏产品开发的风险

网络游戏行业具有产品更新换代快、生命周期有限、用户偏好转换快等特点。如果未来在游戏产品的立项、研发及运营维护的过程中对市场偏好的判断出现偏差、对新技术的发展趋势不能准确把握、对游戏投放周期的管理不够精准，导致其未能及时并持续推出符合市场期待的新款游戏产品，抑或致使其未能对正在运营维护的游戏产品进行升级改良以保持对玩家的吸引力，则会对经营业绩产生负面影响。

4. 商誉减值风险

虽然公司将在战略规划、业务经营、公司管理及财务体系等方面给予中联传动、淘乐网络全面支持，充分发挥中联传动、淘乐网络的优势，保持中联传动、淘乐网络的持续竞争能力，将因收购中联传动、淘乐网络形成的商誉对公司未来业绩的影响降到最低。但如果中联传动、淘乐网络未来经营状况出现不利变化，则存在商誉减值的风险，从而对公司当期损益造成不利影响。

## 三、公司财务风险

表7-1根据大晟文化整体经营状况和财务状况，对大晟文化的筹资风险、投资风险、经营风险、存货风险、流动性风险五个方面进行整体的风险识别和风险描述。

表7-1　大晟文化风险识别概述

| 公司名称 | 风险类型 | 风险状况 | 具体描述 |
|---|---|---|---|
| 大晟文化 | 筹资风险 | 较小 | 筹资渠道多样，公司信用形象较好，但是还款压力较大 |
| | 投资风险 | 较大 | 公司进行了金融产品投资和股权投资，具有较大的不确定性 |
| | 经营风险 | 较大 | 公司进行重大业务转型，从钢材贸易转到影视传媒行业 |
| | 存货风险 | 较大 | 年报披露存在市场竞争加剧的外部风险，影视作品滞销风险 |
| | 流动性风险 | 较大 | 流动比率较低，短期偿债能力较弱，资产变现能力不强 |

1. 筹资风险

根据大晟文化近三年来筹资活动的具体明细，进一步分析公司存在的筹资风险，大晟文化2014~2016年筹资活动现金流量明细如表7-2所示。

表7-2 大晟文化2014~2016年筹资活动现金流量情况摘要

单位：万元

| 年份 | 2014 | 2015 | 2016 |
|---|---|---|---|
| 吸收投资收到的现金 | — | 151065.79 | 618.00 |
| 取得借款收到的现金 | — | — | 4000.00 |
| 发行债券收到的现金 | — | — | — |
| 收到其他与筹资活动有关的现金 | 5000.00 | 2420.00 | 9400.00 |
| 筹资活动现金流入小计 | 5000.00 | 153485.79 | 14018.00 |
| 偿还债务支付的现金 | 7900.00 | — | 500.00 |
| 分配股利、利润或偿付利息支付的现金 | 338.55 | 9.46 | 991.33 |
| 支付其他与筹资活动有关的现金 | 5279.18 | 14986.52 | 24611.95 |
| 筹资活动现金流出小计 | 13517.73 | 14995.98 | 26103.29 |
| 筹资活动产生的现金流量净额 | -8517.73 | 138489.81 | 12085.29 |
| 汇率变动对现金及现金等价物的影响 | — | — | — |

从筹资活动现金流入角度来看，大晟文化的筹资来源主要是吸收投资、取得借款和其他筹资活动，筹资渠道比较多元化，从表7-2中可以注意到，2015年吸收投资收到的现金较多，其主要是2015年进行了非公开发行股票筹集资金所得。2015年是大晟文化准备转型的第一年，因此大晟文化进行非公开发行股票筹集资金能有效避免公司在转型的过程中遇到资金周转不灵的现象，有效降低了企业在转型过程中的财务风险。另外发现大晟文化三年都进行了其他筹资活动，查阅年报可知，均为借款所致，说明公司的信用形象较好，在一定程度上能有效降低筹资风险。

从筹资活动现金流出角度来看，支付其他筹资活动有关的现金在筹资活动现金中占比较大，查阅年报可知，主要是归还借款及借款利息，以及定向增发的中介费用等，虽然是正常的筹资活动发生额，但是主要考虑到其数额面值较大，会带给公司一定的偿债压力，公司需要做好资产负债结构的管理，既保证资金的正常周转，又能按时偿债。

2. 投资风险

根据大晟文化近三年来投资活动的具体明细，进一步分析公司存在的投资风险，大晟文化 2014~2016 年投资活动现金流量明细如表 7-3 所示。

表 7-3　大晟文化 2014~2016 年投资活动现金流量情况摘要

单位：万元

| 年份 | 2014 | 2015 | 2016 |
|---|---|---|---|
| 收回投资收到的现金 | — | 12656.16 | 109360.67 |
| 取得投资收益收到的现金 | — | 40.33 | 579.99 |
| 处置固定资产、无形资产和其他长期资产收回的现金净额 | 58.69 | 0.83 | — |
| 处置子公司及其他营业单位收到的现金净额 | — | — | — |
| 收到其他与投资活动有关的现金 | — | — | — |
| 投资活动现金流入小计 | 58.69 | 12656.16 | 109940.67 |
| 购建固定资产、无形资产和其他长期资产支付的现金 | 1314.94 | 0.36 | 60.65 |
| 投资支付的现金 | — | 13041.25 | 164777.24 |
| 质押贷款净增加额 | — | — | — |
| 取得子公司及其他营业单位支付的现金净额 | — | 50122.11 | 28345.16 |
| 支付其他与投资活动有关的现金 | — | — | — |
| 投资活动现金流出小计 | 1314.94 | 63163.73 | 193183.05 |
| 投资活动产生的现金流量净额 | -1256.24 | -50507.56 | -83242.38 |

　　从投资活动现金流入角度来看，大晟文化收回投资流入的现金数额较大，主要是子公司陶乐理财产品赎回，另外注意到投资活动资金流入有取得投资收益收到的现金，查阅年报可知，主要是因为大晟文化委托他人进行现金资产管理取得的投资收益，公司要加强对该部分理财产品的管控，降低理财产品的投资风险。

　　从投资活动的现金流出角度来看，投资支出的现金是投资现金流出的主要组成部分，查阅年报可知，2015 年的投资主要是因为公司收购子公司进行业务转型的股权转让款，这属于正常的投资活动支出，且根据此后的营业收入增长情况，此项投资取得了较好的收益。2016 年的投资主要是因为购买理财产品和投资康曦影业支付投资款。该项投资属于金融产品投资和股权投资，具有较大的投资风险，公司应该加强对股权投资的预警和管控，避免因为股权投资而带来的投资风险。

3. 经营风险

大晟文化在创新驱动发展战略的背景下，抓住发展机遇，进行业务转型，在此过程中会存在巨大的经营风险，因此此部分重点分析大晟文化在企业转型过程中遇到的经营风险问题。

从营业利润角度来看，大晟文化 2015 年利润总额为负，主要是因为公司营业收入远低于营业总成本所致。报告期内大晟文化公司业务调整转型，原钢材贸易业务停止，公司原钢材贸易业务及公司日常管理运营亏损，报告期营业收入主要为影视剧及网络游戏的收入。因为公司业务转型，所以在 2015 年年报中纳入合并期限较短。报告期合并影视剧及网络游戏的净利润较少，公司年末未能实现扭亏为盈，从而导致归属于上市公司股东的净利润和基本每股收益较上年分别下降 179.72% 和 200%。但是在 2016 年，中联传动及淘乐网络全年纳入公司财务报表合并范围，所以相较于 2015 年度，利润表各项数据变动较大。营业收入本期数为 35597.69 万元，2015 年同期数为 1943.36 万元，较上年增加 33654.33 万元，增幅 1731.76%，这主要是因为影视剧及网络游戏收入大幅增长，其营业成本也相应增加。说明公司积极响应国家战略部署，进行业务转型的策略较为成功，在原主营业务钢材贸易持续亏损的情况下，通过改变主营业务来扭转亏损局面，以此来控制财务风险。但是从资产负债结构的分析中可知，由于影视业务和网络游戏业务的特殊性，公司仍然要做好对于经营风险的防范和控制。

从营业成本角度来看，营业总成本的构成中（见图 7-1），管理费用的比重最大，约为 54%，根据财务报告中披露的管理费用的具体构成来看，中介费用的比重最大，占管理费用的 38%；其次是职工薪酬，约占管理费用的 20.8%；接下来是税费和研发费，分别占管理费用的 13.6 和 8%。管理费用占比过高主要是因为公司本期并购重组的中介费增加、定向增发及并购导致的印花税增加、合并范围变动导致的研发费用增加所致。另外可以注意到大晟文化 2016 年继续增加了研发投入，约占 2016 年管理费用的 47.5%，比 2015 年的研发投入增加 239.04%，说明大晟文化持续增加公司的科技创新能力，而创新能力的提高也带来了明显的收益，2016 年大晟文

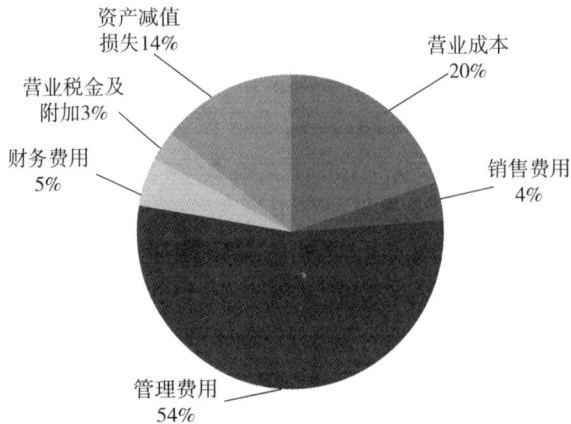

图 7-1　大晟文化营业成本结构

化的净利润增长率达到15675%，由此说明对于科技型中小企业，研发投入对于公司发展的重要性不可小觑，不能只一味压缩管理费用，这并不利于企业的长远发展。资产减值损失约占营业总成本的14%，这是因为当期有坏账发生，由此提醒公司要加强对应收账款和预付账款的监管，减少由于利率、债务人不能及时还款等因素所带来的财务风险问题。

4. 存货风险

从大晟文化的年报可以看出存货约占资产总额的2%。大晟文化的存货主要是指影视剧类存货和非影视剧类存货两大类，影视类存货主要包括原材料、在产品、周转材料、库存商品等。从财务报表中可以看出，公司存货主要是子公司中联传动投资拍摄的影视作品，公司已经计提存货跌价准备75000元，但是由于影视作品主要依靠观众的主观喜好，因此不能保证存货价值的稳定性。存货的盈利性对于外部原因的依赖太强，因此存在一定的财务风险，公司需要依据实际情况加大计提存货减值的比例，控制存货风险对于公司财务状况的影响。

5. 流动性风险

根据大晟文化2014～2016年营运资金、现金比率、流动比率、速动比率，可以进一步分析公司存在的流动性风险，大晟文化这三年的营运资金、现金比率、流动比率、速动比率如表7-4所示。

表 7-4　大晟文化 2014~2016 年流动性风险情况

| 年份 | 2014 | 2015 | 2016 |
|---|---|---|---|
| 营运资金（万元） | -7298.73 | 23334.72 | 27454.52 |
| 现金比率（%） | 26.91 | 78.00 | 16.83 |
| 流动比率 | 0.44 | 1.20 | 1.34 |
| 速动比率 | 0.33 | 0.90 | 0.44 |

从营运资金来看，2014~2016 年，大晟文化的营运资金在转型之后基本稳定，且比转型之前有较大幅度的增加，说明转型带给企业非常积极的影响，改善了企业财务风险，增加了企业支付能力。从现金比率来看，大晟文化这三年的现金比率都比较低，说明企业短期偿债能力较弱，具有一定的流动性风险。如图 7-2 所示，大晟文化的流动比率均低于行业平均水平，说明大晟文化资产的变现能力不强。且该公司的流动负债比只有 0.35，说明该企业流动负债的偿还并没有可靠的保障，短期偿债能力较弱，有可能面临短时间内偿债的财务风险。

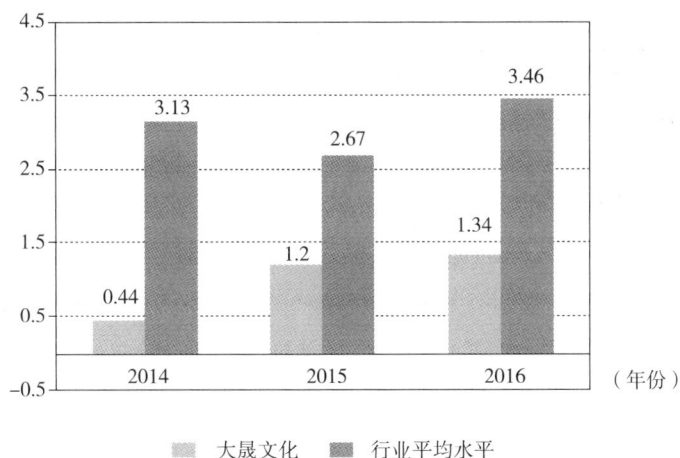

图 7-2　大晟文化与行业平均水平的流动比率对比

# 第二节　迅游科技财务风险个体评价

## 一、公司财务整体评价

### （一）公司生产经营整体评价

迅游科技公司的主营业务是为网游等互联网实时交互应用提供网络加速服务，该公司是一家信息服务类企业。公司运用互联网智能路由导航、加速节点部署、智能加速算法等多项加速技术，为网游玩家提供网游数据传输加速服务，有效解决网游玩家在网游中遇到的延时过高、登录困难、容易掉线等问题。信息服务行业受政策环境、市场环境及技术改革的影响比较大，如果企业不能及时调整战略，必然会带来一定的财务风险。因此公司要转变传统的财务管理思想，伴随着创新驱动发展战略的提出和"互联网+"时代信息技术的创新发展，必须更新财务管理的内容，转型财务管理模式，引用"互联网+"的思维、模式对财务管理工作的内容进行创新，更好地实现财务管理的创新驱动。

### （二）公司财务整体评价

根据上文的分析，2014~2016 年，迅游科技的总资产周转率下降幅度较大，说明企业的销售能力有所下降，资产利用效率较低。结合销售收入来看，迅游科技的销售收入在此期间确实没有明显的增长趋势，也与此情况相符。迅游科技的净资产收益率在三年间也呈现下降趋势，说明迅游科技的盈利能力存在一定的问题。

## 二、公司财务风险因素

### （一）外部风险因素

1. PC 网络游戏加速市场进入调整期的风险

中国 PC 网络游戏的整体市场发展增速逐渐下滑，作为一家反映网络游戏行业景气度的指数型公司，会受到整体市场发展的影响。PC网络游戏市场未来的空间并非逐渐萎缩，大量网游内容、形式上的同质化和单一性导致了部分玩家的阶段性流失，用户时间碎片化的发展趋势对重度化网游的在线活跃增长有一定影响，未来PC网络游戏市场在一段时期内将面临结构化调整和业态创新，也将为公司的主营业务发展带来一定的不确定性。由于市场调整及变化的不可预测性，公司未来可能无法保持一定的增长速度，存在业绩波动甚至下滑的可能。

2. 移动端加速市场尚不明朗的风险

近年来，国内手游市场处于高速发展期，与PC游戏发展历程类似，同时由于用户大多由PC端玩家转化而来，手游行业正在快速经历由单机休闲游戏向网络对战游戏的转变，游戏玩家结构也在以极快的速度由过去轻度游戏玩家为主向重度游戏玩家渗透。实时竞技类、实时对战类等强交互型手游的持续强势发展将带来玩家对降低游戏网络延迟、提高对战成绩的强烈需求。纵览整个手游市场，虽然强交互型、强竞技型手游已逐渐成为移动端手游的未来趋势，但用户时间碎片化的问题对手游产品的创新提出了极大的挑战，同时手游厂商对游戏终端性能的兼容优化、手游行业缺少更多的优质产品也对行业发展形成制约，未来移动端加速的需求空间、市场前景及盈利模式尚存在不确定性。公司的移动端加速产品能否迅速提升市场占有率、能否开展有效的盈利模式，目前仍存在不确定性。

3. 技术替代风险

虽然公司可以凭借自身的SCAP具备了不断开发新技术并投入应用的能力，同时以目前公司掌握的技术，在行业内是处于领先地位的，但是由于科技更新换代的速度非常快，该公司的领先地位可能被取代，从而给公司带来竞争劣势。

4. 宽带租用价格波动的风险

在会计报告期内，随着公司不断优化提高带宽利用率及加强带宽租用的管理，公司宽带租用价格呈现逐年下降的趋势。公司营业成本主要由宽带租用费构成，如果未来整个宽带租用市场价格出现变化，以及因公司业务规模变化而引起宽带租用量变化，有可能导致公司向IDC服务商租用的宽带价格发生变化，从而引起公司未来业绩的波动。

5. 人力成本上涨风险

在会计报告期内，可以明显看出员工的平均薪酬水平有一定的提高，这也是互联网行业高速发展及公司业务扩展带来的结果。然而，随着互联网行业的不断发展，公司未来的人力成本仍然有可能持续上涨。由于激烈的竞争，公司为留住和不断吸引人才，一定会进一步优化薪资结构，适当地提高薪酬水平，加大人才投入，组建新的产品团队，人力成本将进一步上涨。公司未来将密切关注行业发展动态，做好行业薪酬跟踪调查，通过加强投入产出分析以降低由此带来的风险。

### （二）内部风险因素

1. 公司未来战略目标的达成具有不确定性的风险

公司将从内增长、外扩张两个方面推进对游戏服务产业的布局，借助公司现有的加速服务行业地位，针对游戏玩家、游戏厂商和开发者的服务需求进行业务的丰富和拓展，实现公司未来战略。产业布局不但需要重点考量产业的协同，资本环境、布局成本、实施时点、团队技术融合等具体的变量也将是公司能否达成产业整合目的、实现战略目标的不确定因素。此外，公司所处的互联网行业竞争激烈、市场变化迅速、技术更新较快，宏观环境也为公司未来战略目标的达成带来了一定的风险。

2. 对外投资风险

由于互联网行业的飞速发展，PC网络游戏和手机游戏市场面临多方面的挑战。为加强竞争力，公司除了加强自身研发能力外，还将通过对外投资、收购整合等方式推进对游戏产业链的布局。在进行对外投资时，公司倾向于投资可能带来丰厚利润和极大效益的项目，这些项目往往可能存在较大风险。因为虽然在投资初期分析这些项目成功的可能性很大，但在接下来的投资中，公司面临的环境仍然充满变数，如海外市场或东道国政策发生变化，因此对外投资一定会给该公司带来风险。

3. 新业务、新领域开拓风险

由于创新驱动发展战略的推动作用，互联网行业的发展和创新速度相较以前都有大幅度的提高，而公司必须不断地为响应市场的需求变化开拓新业务和新领域，只有这样才能保持公司的竞争优势。但如果公司开拓的新业务和新领域无法快速地被市场接受和采纳，就存在新业务和新领域的开拓风险。

### 三、公司财务风险

表7-5根据迅游科技整体经营状况和财务状况，对迅游科技的筹资风险、投资风险、经营风险、存货风险、流动性风险五个方面进行整体的风险识别和风险描述。

**表7-5 迅游科技风险识别概述**

| 公司名称 | 风险类型 | 风险状况 | 具体描述 |
|---|---|---|---|
| 迅游科技 | 筹资风险 | 较小 | 筹资渠道丰富，行业信用度较好 |
| | 投资风险 | 较小 | 公司尚有2200万元保本型银行理财产品未赎回 |
| | 经营风险 | 较小 | 整体销售情况比较稳定，说明公司整体经营状况良好 |
| | 存货风险 | 没有 | 其库存和企业的盈利没有直接相关 |
| | 流动性风险 | 较小 | 利用闲置资金购买短期银行理财产品，既能保证资金的盈利性，也能短期赎回保证短期偿债能力 |

1. 筹资风险

根据迅游科技筹资活动的具体明细，可以分析公司存在的投资风险，迅游科技2014~2016年投资活动现金流量明细如表7-6所示。

**表7-6 迅游科技2014~2016年筹资活动现金流量情况摘要**

单位：万元

| 年份 | 2014 | 2015 | 2016 |
|---|---|---|---|
| 吸收投资收到的现金 | 195.00 | 32053.57 | 20680.51 |
| 取得借款收到的现金 | 0 | 0 | 700.00 |
| 发行债券收到的现金 | 0 | 0 | 0 |
| 收到其他与筹资活动有关的现金 | 0 | 0 | 70.00 |
| 筹资活动现金流入小计 | 195.00 | 32053.57 | 21450.51 |
| 偿还债务支付的现金 | 0 | 0 | 700.00 |
| 分配股利、利润或偿付利息支付的现金 | 4800.00 | 4650 | 5.77 |
| 支付其他与筹资活动有关的现金 | 0 | 603.75 | 0 |

续表

| 年份 | 2014 | 2015 | 2016 |
|---|---|---|---|
| 筹资活动现金流出小计 | 4800.00 | 5253.75 | 705.77 |
| 筹资活动产生的现金流量净额 | −4605.00 | 26799.81 | 20744.73 |
| 汇率变动对现金及现金等价物的影响 | — | — | — |

从筹资活动现金流入角度来看，迅游科技的筹资渠道比较多样，有吸收投资、取得借款和其他筹资方式等，筹资效果较好。从表7-6中可以看出，迅游科技在2015年吸收投资资金明显增加，主要是因为2015年公司上市，首次公开发行股票募集资金所致。另外发现公司在2016年进行了2笔大额借款，通过查阅年报可知此借款均为长期的无息借款，公司无短期还款压力，侧面反映出公司在行业中信用形象较好，在一定程度上减少了公司的筹资风险。

从筹资活动现金流出角度来看，现金流出主要组成部分为分配股利、利润，主要是因为公司分红所致。从表7-6中可以看出，2015年与筹资活动有关的现金数额比较大，查阅年报可知，主要是因支付了上市的发行费用和分红登记费所致。这些都属于上市公司的正常筹资活动支出。同时，公司不存在外币业务，因此公司没有因为汇率波动而造成的筹资风险。

2. 投资风险

根据迅游科技投资活动的具体明细，进一步分析公司存在的投资风险，迅游科技2014~2016年投资活动现金流量明细如表7-7所示。

表7-7　迅游科技2014~2016年投资活动现金流量情况摘要

单位：万元

| 年份 | 2014 | 2015 | 2016 |
|---|---|---|---|
| 收回投资收到的现金 | — | — | — |
| 取得投资收益收到的现金 | — | 153.95 | 1033.80 |
| 处置固定资产、无形资产和其他长期资产收回的现金净额 | 0.35 | — | 4.43 |
| 处置子公司及其他营业单位收到的现金净额 | | | |
| 收到其他与投资活动有关的现金 | — | — | — |
| 投资活动现金流入小计 | 0.35 | 153.95 | 1038.23 |
| 购建固定资产、无形资产和其他长期资产支付的现金 | 1313.10 | 820.65 | 637.33 |
| 投资支付的现金 | — | 32800.00 | 16300.00 |

| 年份 | 2014 | 2015 | 2016 |
|---|---|---|---|
| 质押贷款净增加额 | — | — | — |
| 取得子公司及其他营业单位支付的现金净额 | — | — | — |
| 支付其他与投资活动有关的现金 | — | — | — |
| 投资活动现金流出小计 | 1313.10 | 33620.65 | 16937.33 |
| 投资活动产生的现金流量净额 | −1312.74 | −33466.69 | −15899.10 |

从投资活动现金流入角度来看，在2014年至2016年，迅游科技投资现金流入逐年增多，说明投资效果显著。通过查阅年报可知，主要是因为使用闲置募集资金购买保本型银行理财产品所致，且采用逐年赎回的方式进行资金的滚动使用，减少了因投资理财产品造成的投资风险。

从投资活动现金流出角度来看，占投资主要部分的是投资支出的现金。其中主要是公司购买的保本型银行理财产品的现金支出。然而，在2016年还有尚未赎回的银行理财产品。虽然该理财产品在2015年和2016年的投资收益较高，但是截至2016年12月31日公司尚有2200万元保本型银行理财产品未赎回，投资产品具有一定的风险，公司要加强对理财产品的管理，避免因金融市场利率波动而带来的投资风险。

总的来看，迅游科技在2014~2016年的投资活动现金流净额均为负值，说明迅游科技进行了积极的投资活动，但是因为主要的投资为保本型银行理财产品，所以投资风险相对较小。

3. 经营风险

从图7-3中可以看出，在2014~2016年，迅游科技的销售毛利率要略高于行业平均水平，且整体销售情况比较稳定，说明公司整体经营状况良好。信息服务行业的经营受外界因素影响比较大，这一点从行业平均水平的波动也能看出，但是迅游科技整体能保持销售毛利率稳定，说明公司能顺应市场环境的变化及时对公司的政策作出调整，使公司的政策能与外界环境相适应，避免外界因素的变化对公司经营产生影响。

4. 存货管理风险

信息服务行业的存货具有特殊性，不同于传统的库存商品等实物商品，迅游科技的库存商品多为低值易耗品，其收入的主要来源不是售卖商品，而是售卖服务。公司的主营业务为互联网游戏玩家提供互联网游戏实时交互应用加速服务，公司主要服务目前以两种方式提供给用户：一是独立运营，公司直接向互联网游戏用户提供服务（B2C）；二是合作运营，公司通过与合作运营商合作开发客户，通过合作运营商向互联网游戏用户提供服务（B2B2C）。因此，迅游科技没有明显的库存管理风险是因为其库存和企业的盈利并没有直接相关。

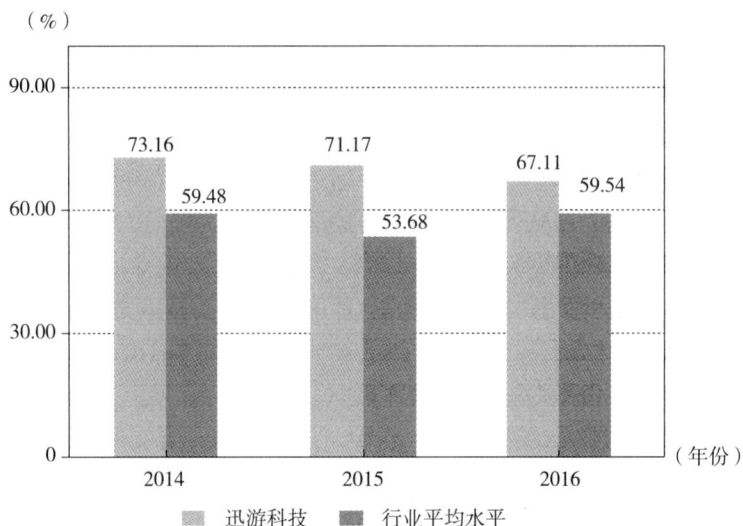

图 7-3　迅游科技与行业平均水平的销售毛利率对比

5. 流动性风险

根据迅游科技营运资金、现金比率、流动比率、速动比率可以分析公司存在的流动性风险，迅游科技 2014～2016 年营运资金、现金比率、流动比率、速动比率如表 7-8 所示。

表 7-8　迅游科技 2014～2016 年流动性风险情况

| 年份 | 2014 | 2015 | 2016 |
|---|---|---|---|
| 营运资金（万元） | 7289.71 | 29913.13 | 33573.56 |
| 现金比率（%） | 242.04 | 189.65 | 86.67 |
| 流动比率 | 2.55 | 6.60 | 2.54 |
| 速动比率 | 2.50 | 2.13 | 0.95 |

从营运资金来看，2014～2016 年，迅游科技的营运资金总体呈现上升的趋势，营运资金上升，说明企业的支付能力变强，流动风险变小。从现金

比率来看，迅游科技近三年的现金比率都比较高，但是现金比率是呈现下降趋势的，说明这三年，公司的流动负债增加，现金及现金等价资产减少，这与前面分析的投资风险是相一致的，公司在 2015 年利用闲置资金购买了大量的保本型银行理财产品，虽然增加了投资收益，但是降低了公司的短期偿债能力，增加了公司的流动性风险。从流动比率来看，2014～2016 年，迅游科技流动比率均高于行业平均水平，且大致和行业平均水平保持相同的趋势。说明公司的流动资产和流动负债受行业因素影响较大，查阅年报可知，公司的流动负债除了公司正常运营产生的之外，还包括政府提供的软件产业发展专项资金，这与流动比率的变化情况是相符合的。迅游科技的流动比率除了 2015 年的较高以外，其他都保持在正常水平即 2 左右（见图 7-4）。流动比率过高表明流动资产占用较多，会影响经营资金周转效率和获利能力。查阅公司 2015 年年报可知，流动比率较高是因为流动资产较高所致，从图 7-5 中可以看出，其他流动资产占流动资产的比例较大，约有 66%，主要是因为购买短期银行理财产品所致，短期理财产品具有一定获利能力且能短期赎回，因此虽然迅游科技 2015 年的流动比率较高，但是主要是因为购买短期理财产品所致，因而对企业的生产经营影响不大，同时又保证了企业的短期偿债能力。

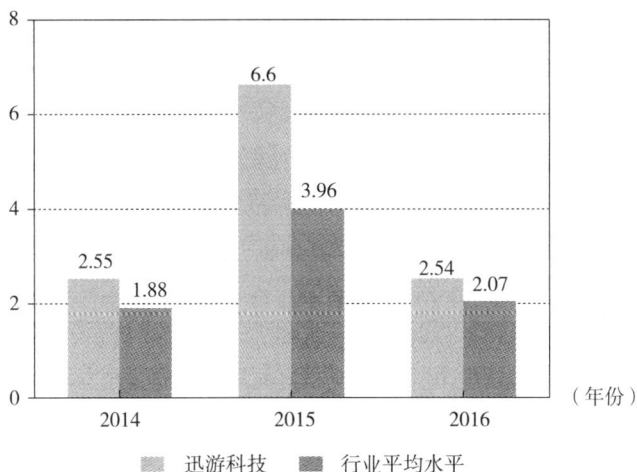

图 7-4　迅游科技与行业平均水平的流动比率对比

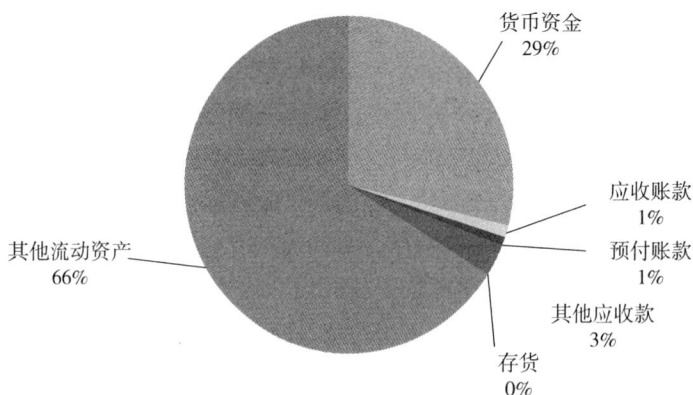

图 7-5  2015 年迅游科技流动资产结构

# 第三节  盈方微财务风险个体评价

## 一、公司财务整体评价

### （一）公司生产经营整体评价

盈方微属于半导体芯片制造企业。主营业务为面向移动互联终端、智能家居、视频监控、运动相机等应用的智能处理器及相关软件的研发、设计、销售，并提供硬件设计和软件应用的整体解决方案。公司同时针对北斗高精度算法等核心技术进行开发，在北斗领域拓展综合系统应用市场。公司结合智能终端，提供大数据的多元化服务，其中包括机房场地租赁、设备定制、IDC 建设、行业解决方案等，为客户提供一系列解决方案。半导体芯片制造企业不但具有较高的经营杠杆系数同时财务杠杆系数也非常高，企业的生产经营具有运营周期较长、生产材料成本较高等特点，因此需要在生产过程中垫付大量的资金，所以通常半导体企业的短期借款数额较大，流动比率通常低于其他行业企业，整体盈利水平受利率政策影响较大。

## （二）公司财务整体评价

通过上文分析发现，2014～2016 年，盈方微的营业收入增长率分别为 5%、111% 和 30%，净利润增长率分别为 -56%、119% 和 113%，说明盈方微的盈利能力在这三年内波动幅度较大，公司财务状况不稳定。

# 二、公司财务风险因素

## （一）外部风险因素

### 1. 产品及市场风险

公司研发投入资金数额较大，因为公司是长期专注于智能影像应用处理器的集成电路设计公司，其盈利能力在于不断进行新产品的开发及销售。如果公司在新产品的研究和开发阶段出现失误，如开发周期远超预期，或研发投入金额远超预算金额，市场开发受阻等，都会导致公司产品研发支出远远超出产品将来可能带来的收益。由于当前集成电路设计公司的数量不断增多，所以竞争也日趋激烈。虽然公司积累了较为丰富的市场和产品开发经验并占据先发优势，但如果竞争对手在开发和销售同类产品时投入更多资源或对产品采用更积极的定价策略，都有可能使公司处于竞争劣势。

### 2. 汇率风险

由于公司境外销售以美元计价、人民币结算，因此公司经营业绩仍面临一定的汇率风险。另外，由于子公司盈方微（香港）也是公司利润来源的组成部分，因此公司还存在由于汇率变动引起的外币报表折算的风险。

## （二）内部风险因素

半导体行业对企业科技人员的依赖性较高，因为其属于高科技产业，所以对企业科技人员尤其是核心技术团队的包括绩效在内的各项激励措施十分关键，这会给企业发展带来积极的影响，但不排除同行业的竞争对手用更加优厚的待遇来吸引该企业的核心技术人才，从而导致企业技术人才流失，面临科技人员流失的风险。同时，公司通过不断的技术创新和不懈的努力已经掌握多项关键的核心技术,所以在同行业中保持领先地位。虽然公司对所掌握的核心技术的研发成果都申请了专利,但核心技术人员的流失仍然可能导致企业内部资源和技术的泄露,最终导致企业处于竞争劣势。

## 三、公司财务风险

表 7-9 根据盈方微整体经营状况和财务状况,对盈方微的筹资风险、投资风险、经营风险、存货风险、流动性风险五个方面进行整体的风险识别和风险描述。

表 7-9  盈方微风险识别概述

| 公司名称 | 风险类型 | 风险状况 | 具体描述 |
|---|---|---|---|
| 盈方微 | 筹资风险 | 较大 | 公司面临筹资渠道单一和外币汇率波动的筹资风险 |
| | 投资风险 | 较小 | 公司不存在重大股权、非股权及金融资产投资,投资活动现金流均由正常经营产生,不属于投资风险范畴 |
| | 经营风险 | 较大 | 公司的应收账款周转天数低于行业平均水平,面临应收账款变现的经营风险 |
| | 存货风险 | 较小 | 公司的存货流动率逐年提高,存货变现风险较小 |
| | 流动性风险 | 一般 | 公司的流动比率维持在一个合理水平,现金比率和速动比率都相对较高,企业的短期偿债能力较强,但是营运资金逐年下降,说明企业的支付能力变弱 |

1. 筹资风险

半导体企业生产前期需要较高的投资成本及高额的设备维护成本,因此半导体企业每个生产周期都会承担较大规模的固定成本,企业整体会面临较大的筹资压力。另外,盈方微的外币资产占资产总额比重较大,因此公司面临一定的汇率风险。盈方微 2014~2016 年筹资活动现金流量明细如表7-10 所示。

表 7-10　盈方微 2014~2016 年筹资活动现金流量情况摘要　　单位：万元

| 年份 | 2014 | 2015 | 2016 |
|---|---|---|---|
| 吸收投资收到的现金 | — | — | — |
| 取得借款收到的现金 | 4725.30 | 25884.24 | 16980.95 |
| 发行债券收到的现金 | — | — | — |
| 收到其他与筹资活动有关的现金 | — | 35669.42 | 74793.66 |
| 筹资活动现金流入小计 | 4725.30 | 61553.67 | 91774.62 |
| 偿还债务支付的现金 | 15502.24 | 5282.46 | 43058.29 |
| 分配股利、利润或偿付利息支付的现金 | 350.18 | 106.26 | 1462.77 |
| 支付其他与筹资活动有关的现金 | 23.62 | — | — |
| 筹资活动现金流出小计 | 15876.05 | 5388.73 | 44521.07 |
| 筹资活动产生的现金流量净额 | −11150.75 | 56164.94 | 47253.54 |
| 汇率变动对现金及现金等价物的影响 | −739.17 | 3897.65 | 3121.32 |

研究盈方微的筹资情况可以发现，盈方微这三年的筹资活动流入净额只有取得借款收到的现金和收到其他与筹资活动有关的现金，其余筹资活动产生的现金流量净额均为负值，说明了公司在筹资方面渠道单一，面临一定的筹资风险。

注意到筹资活动的主要现金流入为收到其他与筹资活动有关的现金，通过查询年报信息可知，收到其他与筹资活动有关的现金具体为业务补偿款，该业务补偿款为公司负责人在完成股权分置改革方案以后，对于公司2014 年度和 2015 年度业绩承诺补偿，如果归属于母公司的净利润没有达到承诺数 5000 万元的话，公司负责人要对公司进行业绩补偿。该项承诺已于2015 年度履行完毕，因此如果公司不开展新的筹资渠道，公司将在下一年度面临一定的筹资压力，筹资风险将会加大。

另外，发现这三年汇率变动对现金及现金等价物的影响波动程度较大，总体为正向影响，然而汇率本身受政策时间影响波动较大，公司依旧要时刻注意汇率变动对公司筹资和生产经营的影响。

2. 投资风险

根据盈方微投资活动的具体明细，可以分析公司存在的投资风险，盈方微 2014~2016 年投资活动现金流量明细如表 7-11 所示。

表 7-11　盈方微 2014~2016 年投资活动现金流量情况摘要　　　　单位：万元

| 年份 | 2014 | 2015 | 2016 |
|---|---|---|---|
| 收回投资收到的现金 | 20000.00 | — | 10000.00 |
| 取得投资收益收到的现金 | 105.47 | 0 | 0 |
| 处置固定资产、无形资产和其他长期资产收回的现金净额 | 375.60 | 72.10 | 145.56 |
| 处置子公司及其他营业单位收到的现金净额 | 0 | 21730.59 | 0 |
| 收到其他与投资活动有关的现金 | 0 | 0 | 0 |
| 投资活动现金流入小计 | 20481.08 | 21802.69 | 10.14 |
| 购建固定资产、无形资产和其他长期资产支付的现金 | 50634.40 | 202955.95 | 118693.64 |
| 投资支付的现金 | 11.22 | 10000.00 | 0 |
| 质押贷款净增加额 | 0 | 0 | 0 |
| 取得子公司及其他营业单位支付的现金净额 | -231936.96 | 9821.19 | 0 |
| 支付其他与投资活动有关的现金 | 0 | 19.99 | 0 |
| 投资活动现金流出小计 | -181291.33 | 222.79 | 118693.64 |
| 投资活动产生的现金流量净额 | 201772.42 | -200994.44 | -108548.07 |

　　从投资活动的现金流出角度来看，盈方微的投资活动流出主要是购买固定资产、无形资产和其他长期资产，主要是对企业的内部投资，这与盈方微所处的半导体行业的特点是相符的。以 2016 年为例，公司的投资活动流出净额均为增加固定资产所致，但是固定资产一般都有特定的用途，不能在其他项目中重复使用，因此会导致固定资产的利用效率较低，如果企业资产总额中固定资产所占比重较高，会使得企业的资产结构不平衡，造成投资结构不合理。盈方微在这三年间不存在重大股权、非股权及金融资产投资情况，其投资活动主要是风险较小的银行理财产品、公司研发投入和子公司之间的投资活动构成，因此不存在重大的对外投资风险。

　　从投资活动现金流入的角度来看，盈方微的投资活动流入金额较小，这是因为盈方微在近三年内投资活动多以稳健性投资和生产经营的正常投资为主，因而投资收益并不多，但是这在一定程度上降低了盈方微的投资风险，能保证盈方微在短时间内不会面临较大的投资风险。

### 3. 经营风险

从应收账款周转天数来看，公司的应收账款周转天数虽然逐年增加，但是均低于行业平均水平，说明公司的账款回收速度较低，账龄较长，这与公司的行业性质也有关，半导体企业的客户并非终端消费者而是消费类电子等下游生产厂家，按照行业标准，产品销售至客户后需要验证过程，所以行业通用标准成品回款期需要 60~120 天，芯片销售回款期需要 30~90 天（见图 7-6）。因此加大了应收账款的回收难度，如果不做好应收账款的计提和管理工作，就有可能出现因应收账款账龄延长，发生坏账的几率增加，而导致企业的自身资金流断裂，债务危机加深，影响正常的生产和经营活动的情况。

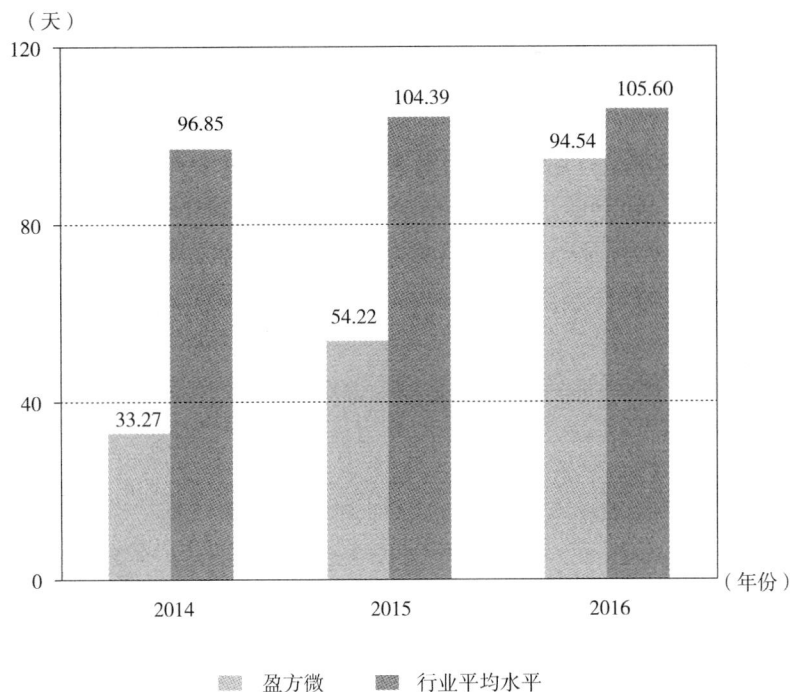

（天）

| | 2014 | 2015 | 2016 |
|---|---|---|---|
| 盈方微 | 33.27 | 54.22 | 94.54 |
| 行业平均水平 | 96.85 | 104.39 | 105.60 |

（年份）

▨ 盈方微　■ 行业平均水平

**图 7-6　盈方微与行业平均水平的应收账款周转天数对比**

从盈方微和行业平均水平的净资产收益率的对比图我们可以发现，在 2014~2016 年，盈方微的净资产收益率均明显低于行业平均水平（见图 7-7）。这就更进一步说明了，公司在营运能力方面存在一定的问题，如应收账款回收不利等，这严重影响公司的资产变现能力及资金的流动性，会对公司的盈利能力产生负面影响。

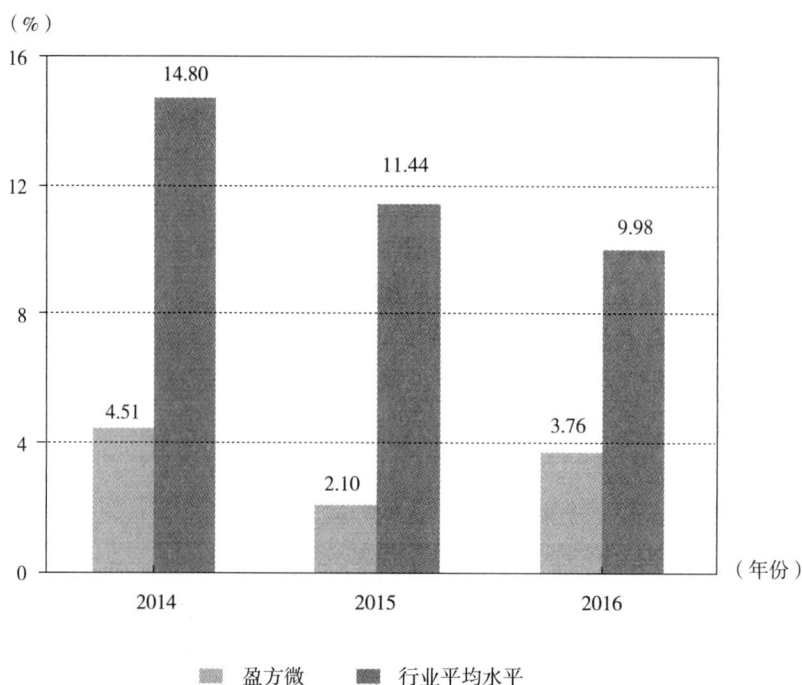

（%）

**图 7-7 盈方微与行业平均水平的净资产收益率对比**

4. 存货风险

根据盈方微存货周转率和存货周转天数与行业平均水平的对比，我们可以分析公司存在的存货管理风险，盈方微 2014～2016 年存货周转率和存货周转天数如表 7-12 所示。

表 7-12 盈方微 2014～2016 年存货管理风险情况

| 年份 | 2014 | 2015 | 2016 |
|---|---|---|---|
| 存货周转率（%） | 0.43 | 1.51 | 5.35 |
| 存货周转率行业平均水平（%） | 3.92 | 3.84 | 3.94 |
| 存货周转天数（天） | 840.92 | 237.86 | 67.32 |
| 存货周转天数行业平均水平（天） | 181.64 | 166.29 | 145.41 |

从存货周转率来看，行业平均的存货周转率基本稳定在 3.9 左右，盈方

微的存货周转率在逐年提高，在 2016 年已经超过行业平均水平，而说明公司产品的竞争力在逐年加强；综合存货周转天数来看，整体上公司的周转天数在下降，这意味着存货的流动性变强，会增加公司的资金周转率，减少因存货不能变现而带来的存货管理风险。

5. 流动性风险

根据盈方微营运资金、现金比率、流动比率、速动比率来分析公司存在的流动性风险，盈方微 2014～2016 年营运资金、现金比率、流动比率、速动比率如表 7-13 所示。

表 7-13　2014～2016 年迅游科技流动性风险情况

| 年份 | 2014 | 2015 | 2016 |
|---|---|---|---|
| 营运资金（万元） | 43316.89 | 21039.17 | 28438.41 |
| 现金比率（%） | 107.15 | 68.73 | 99.61 |
| 流动比率 | 3.15 | 2.51 | 4.36 |
| 速动比率 | 1.60 | 1.75 | 3.19 |

从营运资金来看，2014～2016 年，盈方微的营运资金总体呈现下降的趋势，营运资金下降，说明企业的支付能力变弱，如果企业出现营运资金的紧缺，则会加大企业的流动性风险，但公司如果由于没有足够的营运资金来维持正常的生产经营，会通过高利息筹资等方式迅速获得资金，这样就加大了企业的债务比，流动性风险增强。从现金比率来看，盈方微近三年的现金比率都比较高，现金比例越高说明偿还短期债务的能力就越强，流动性也就越强，反之，则越弱，所以现金比率的高低和短期偿债能力的强弱是呈现正比例关系的。从流动比率来看，2014～2016 年，盈方微流动比率均低于行业平均水平，在一定程度上反映了半导体行业的特点，应收账款回收期较长，因此造成流动资产数额较大，整个行业的流动比率要远高于平均水平。结合速动比率来看，盈方微的流动比率整体保持在一个较为合理的水平，既不会因流动资产不足而面临短期偿债的压力，使企业陷入流动性风险，又不会因为占有过多的自用资金而降低企业资金的利用效率。因此总的来说盈方微的流动性风险较小（见图 7-8）。

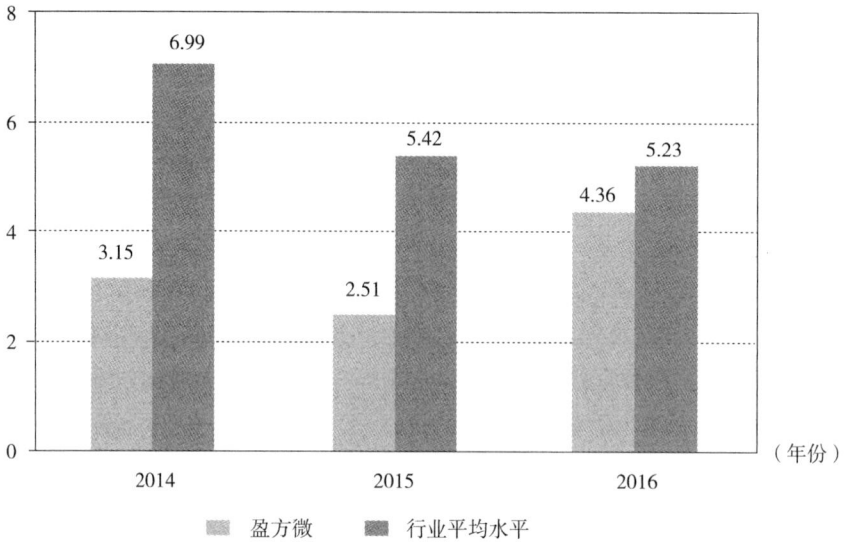

**图 7-8  盈方微与行业平均水平的流动比率对比**

# 小　结

　　本章选取大晟文化、迅游科技和盈方微三家科技型中小企业分析其财务风险。通过分别对三家公司的财务进行整体评价、识别外部和内部风险因素，最后识别出大晟文化公司筹资风险较小，投资风险、经营风险、存货风险和流动性风险较大；迅游科技公司筹资风险、投资风险、经营风险和流动性风险均较弱；盈方微公司筹资风险和经营风险较大，投资风险和存货风险较小，流动性风险一般。

# 第八章　创新驱动背景下科技型中小企业财务风险应对

基于本书前三章构建的理论框架，以及第四章对创新驱动背景下科技型中小企业财务风险的分析，第五章和第六章对该类型企业财务风险的识别与评价，以及第七章对三个典型企业的案例分析，本章提出系统的、动态的财务风险在不同阶段的应对措施。

## 第一节　财务风险基本应对措施

每一个类型的企业都需要根据自身的实际情况，应用适合自己的风险管理方式，从而避免企业的财务面临不可挽回的损失。一般而言，企业可以通过规避、预防、分散、转移、自留等方法，对财务风险进行有效的应对。

### 一、财务风险规避

财务风险的规避，即将预先已经有所了解的，可能会发生的风险进行分析，包括发生的可能性、风险发生后可能造成的损失等问题进行分析，并且需要了解风险发生后，企业是否能够承受风险造成的损失。采用规避的方式应对风险的方式有两种：第一种方式是在做出决策的时候，有限考虑没有风险的方案，或者风险发生的可能性较小的方案，从而将风险发生的可能性降到最低；第二种方式是在落实风险预防方案的时候，及时应对各种突发情况，若发生了不良的情况，尽快应对。通常而言，企业在做出决策之前，或者落实决策的初期，需要同时做出规避方案应用的决定。在早期阶段做出决策，可以将企业的风险成本降到最低，规避风险对于公司的业绩来说影响比较小。但是风险规避策略并不意味着遇见风险就避开，这是一种不理智的行为，而合理的规避风险的方式则是需要对风险进行有效的分析，以一种有效的方式选择合理的时间进行规避。因为从高风险高收益的原理来讲，若公司选择避开高风险，那么也就意味着失去了获取高收益的机会，因此未能抓住能够得到较高利润回报的机会。

## 二、财务风险预防

财务风险的预防，即在制度上对财务风险进行控制，从企业所作出的决策、企业管理的组织等方面，对风险进行控制，这期间，企业可以采取一定的方式对风险进行应对。若风险是无法避免的，那么企业在处理财务问题的时候，第一点需要考虑的就是预先防止风险发生的方式，这是目前各类企业在财务风险控制上较为常见的方式。例如，企业处理资本结构上的风险问题时，由于企业可以在融资的时候就对其进行预防，如可以预先知道融资会影响到企业的资本结构等问题，因此可以在这一方面对风险进行预先控制。在融资的过程中，企业可以通过当前的经营状况，对资金进行有效的分配，从而将资金所面临的各种风险状况进行考量，最终选取有效的融资方式，并将企业的成本降到最低，同时减少财务所面临的风险问题。此外，企业的财务部门还可以采用持续完善财务风险应对途径等方式，如可行性分析、信用等级等方式，降低财务风险。

## 三、财务风险分散

风险预警办法中的分散方式，是指企业在经营的过程中，可以采取多元化的方式，在多个领域进行投资，或者从多方进行融资，将资金放在多个领域等方式，如提供较多的供应商，或者扩大客户体量等方式，从而将风险分散开来。俗话说，鸡蛋不能全部都放到一个篮子中，用在风险投资领域，这是一个较为通用的原理，是对分散风险的一个通俗的解释。从风险发生的概率上来说，有研究指出，若产品有所不同，项目也不一样，那么获得的收益是不同的，或者每个产品或项目能够获得的收益之间是不存在关联的，因此一个产品的收益可以弥补其他产品的损失。由此可见，分散风险的经营方式，是有效降低财务风险的主要措施之一。然而，这一方式的适用范围限于具有一定的资金基础，并且企业的管理制度上较为体系化的公司，如上市企业。以上市企业为例，企业从外部获取资金的方式可以是多元化的，因此可以将融资的风险分散开来。然而分散资金的方式也是需要从企业经营的实际情况来分析的。分散风险的经营措施，成功的案例较多，而失败的例子较少，因此在企业的经营中是非常常见的一种方式。这一方式，在我国大型企业的实际经营中是非常常见的，我们可以发现，我国的很多大型企业涉足的领域非常多，这实际是一种规避风险的措施。虽然成功的案例较多，然而多元并不是百试不爽，而是需要企业能够对自己的公司有深入的了解，根据企业的实际经营状况开展多元化经营，而不是对哪一种领域都开展经营措施。盲目的多元化会造成企业难以形成核心产业，从而无法突出主力部分，造成企业的整体业绩有所下降。从失败的例子中可以发现，这种无法突出核心领域的企业，其后果是极其严重的，由此可见多元化也是需要适度的。

### 四、财务风险转移

财务风险的转移，是说企业在财务管理的过程中，需要将一部分的风险转移到其他企业或者组织。通常情况下，企业可以通过购买保险等方式，或者与其他企业或组织签订风险转移的合同，将一部分风险转到别的公司。保险是一种常见的方式，通过这一方式，企业可以通过支付一定比例的金额的方式，由保险公司承担财务风险。在风险转移的过程中，需要签订一些合同，这是目前常见的一种方式，也是各类型的企业中大部分都能够接受的方式。在所签订的合同中，企业双方需要将各自需要履行的义务，以及享受的权利进行说明，从而交接财务经营中的风险。以赊销为例，企业双方通过签订赊销合同，在其中明文说明双方的责任，以及出现问题之后引起的赔偿问题，包含结算的方式和时间等。外包，是目前企业分工普及化之后，出现的第一种较为特殊的风险转移方式，目前这种方式已经越来越普遍地被大型企业所接受。当面临一些比较重大的风险的时候，企业会为了保障财务安全，将这一部分工作交给其他专门从事这部分工作的企业来执行，由于专业性的公司具有更丰富的实际经验，因此在实施的过程中更易于避免风险。

## 五、财务风险自留

自留风险，是企业难以采用规避等措施将风险降低的情况下，利用企业自身的资产进行承担的一种方式。这种方式需要遵循稳健性原则。企业可以在公司内部创建风险基金，当面临难以避免的风险时，可以利用基金的钱款，从而补偿风险的损失。这些基金是难以一时间马上建立起来的，需要平日里进行准备，而应对的是资产价值减少的问题。企业财务对账目进行计提的时候，需要处理坏账、存货跌价、短期的投资失败、长期的投资金额有所减少等问题，因此计提账目的方式可以发现企业资产所面临的最真实的问题，从而让财务人员能够对企业的账目做出有效的决策；同时可以让企业能够有效地应对财务风险，从而降低企业财务风险所造成的损失。以计提过程中处理的坏账为例，企业的坏账所造成的风险包含因货物存储过久造成的价格降低、毁坏等问题而给企业带来的财务上的损失，而计提的坏账准备就属于风险基金。

企业所采取的任何一种风险管理措施，都需要企业仔细地分析当前经营的状况，并且还需要对市场的环境有所分析，从而能够根据实际情况，采取最为适合的方式，且能够灵活地应对。若要达到这一目标，需要企业的财务管理人员及专业的风险管控者对企业的财务风险应对采取系统化的管理措施。企业的财务风险管控，需要能够根据企业的经营大方向，以及市场的实际状况进行制定。这一工作影响着企业的生存，因此，风险管控者在工作过程中，要有着正确的工作态度，以实际有效为准则来制定管控措施。任何一个企业的管控方式，并没有最正确的，只有最合适的。风险的管控，需要能够做到不为企业带来损失，有效地应对风险，减少风险带来的损失程度。

# 第二节　科技型中小企业财务风险应对策略

如第四章和第五章所述，笔者认为针对高科技行业的中小型企业而言，其经营过程中将会经历四大阶段，即种子期和初创期、成长期、成熟期和衰退期。任何生命体都具有孕育、诞生、成长、发展、成熟直到衰退死亡的过程，科技型中小企业也不例外，其发展过程也像生命有机体一样需要经历从孕育到衰退死亡的全过程。科技型中小企业发展的路径与其他企业的经营过程有所相似，可以根据生命周期来考虑，然而其内在的高科技属性，决定该类型企业独有的特征。企业生命周期不同阶段，经营活动、投资活动和筹资活动对现金流影响存在较大差异，所以四个阶段的财务风险各有不同，本书第五章已经分别识别出不同阶段的财务风险。本章将以科技型中小企业生命周期的四个阶段为基础，同时基于前几个章节财务风险的分析、识别及评价，进一步分析各个阶段财务风险的应对策略。

## 一、种子期和初创期财务风险应对

一般情况下，由于业务类型较为单一，科技型中小企业在经营初期所需的资金并不十分庞大。但基于创新驱动发展战略为科技型中小企业提供的平台，企业会选择加大创新投入，力求达到技术突破。

### （一）种子期和初创期的特征

科技型中小企业在经营的早期，并没有一个完善的企业组织结构。这个时候，企业若想要有所发展，需要不断地提升产品的技术含量，将技术有所发展，因此这一阶段企业的主要业务内容集中在技术方面。一方面，在创新驱动背景下，科技型中小企业在经营的早期需要不断地将资金投入到技术研发中；另一方面，在早期阶段，高科技公司的风险集中在技术领域，因此资金方面的变动会比较大。这一时期的科技型中小企业，主营业务较为单一，企业的组织结构十分简单，规模较小，但由于不断加大创新投入，力求达到技术突破，在资金上的依赖性较大，财务风险主要体现为筹资风险、投资风险和资金营运风险。早期的科技型中小企业，并没有成形的信息，没有商业计划书等书面资料。由此可见，这一时期的企业受到的约束也是较多的。

初创中期的科技型中小企业始于两种情况：一是在经历种子期之后获得一定专有技术，通过投融资创建的企业；二是由原有科技型中小企业接管其他企业而转型成新的企业。初创中期的科技型中小企业，生产经营的硬件设施还不完善，但是企业经过种子期，即初创早期的技术研究阶段，已经具有一定的技术基础，有可能具有专利技术；由于企业的生产设备简陋等问题，固定资产的投入较小；企业内部的组织结构不完善，业务人员和管理人员是统一的，管理模式简单；资产投入多为债务融资；企业盈利能力低，现金周转不顺，经常出现财务危机。初创中期的科技型中小企业，生产和研发的投入逐渐向经营转移，因为其技术阶段已经度过。科技型中小企业在初创的中期，主要的业务内容是需要将研发出的技术推向市场，从而获得收益，因此这一阶段的主要工作是市场营销。这一时期，科技型中小企业的资金主要用于市场的推广，同时也需要将资金作为生产研发的储备金。由于市场是变幻莫测的，因此初创中期的科技型中小企业对资金的需求量非常大，而且需要的时期也是非常快的。由于这一时期的企业在组织结构上处于创建的起步阶段，公司的制度非常的不完善，甚至有些企业没有制度，因此信息也是难以对外提供的。然而，这一时期的企业所研发出的产品，依然在市场上属于被检验的阶段，难以确定是否能够被市场认可，因此企业想要持续经营，就需要加强对商业计划书等方面的书面资料的积累。初创时期的科技型中小企业由于其规模小，适应环境变化十分迅速，所以通常采用"钻缝隙"策略，在某个产业的细分市场中提供异质产品或个性化的服务。另外，由于企业缺乏有效的内部管理和控制制度，而且暂时没有良好的管理习惯，所以这一阶段的科技型中小企业财务风险主要体现为筹资风险、投资风险和资金营运风险。

## （二）种子期和初创期科技型中小企业财务方面的特点

初创早期和中期的科技型中小企业财务管理方面的特点如下：

第一，企业的资金基本是从外部获取的。由于企业的发展阶段尚处于初期，因此企业经营者的资信较低，企业能够偿还债务的能力较低，因此这一时期的企业难以获取银行所提供的贷款，所获取的资金主要来自于风投企业。

第二，企业主要经营的业务是属于风险较高的。这一时期的企业，由于资金投入较多，然而难以保障收入，因此资金的流动性较大，而且风险极高。但是由于企业具有较强的技术实力，因此将技术转化为资金的机会较多。

第三，企业的管理规模较为集中。由于这一时期的企业规模较小，因此多为经营者和业务人员为一体。这一时期的企业，多为财务集中管理的模式。

### （三）种子期和初创期科技型中小企业财务风险应对策略

根据本书第五章和第六章对创新驱动背景下处于生命周期不同阶段的八家科技型中小企业财务风险的识别与评价，以及不同阶段对现金流的影响，可以得出处于种子期和初创期的科技型中小企业在创新驱动背景下的财务风险主要有筹资风险、投资风险和流动性风险。

1. 种子期和初创期科技型中小企业筹资风险应对策略

种子期和初创期的科技型中小企业其筹资风险比较显著，这就客观上要求尽可能地将债务比例降低，将企业发展所需要的资金提升，采用稳健的方式来经营。在制定融资方案的时候，企业需要尽可能选择主权资金。因此科技型中小企业在企业发展的早期，需要尽可能地降低需要偿还的债务，或者延长债务偿还的期间，提升资金使用的自由权。

种子期和初创期科技型中小企业筹资风险应对策略包括：

第一，企业经营者要提升风险观念。我国是社会主义市场体制，科技型中小企业具有自主经营的权力，需要自己来承担经营风险，因此在面临风险的时候，科技型中小企业如果难以应对，后果将极为严重。由此可见，企业经营者的风险意识务必要有所提升，并且能够具有识别风险的能力，能够有效地应对风险，降低风险给企业来的损失。

第二，企业需要有应对风险的措施，具有体系化的风险管理制度。科技型中小企业在经营的初期，需要以市场为主导，面对当前的市场环境，制定一套有效的风险管理措施，从而能够有效地应对风险。企业需要能够建立一套有效的预防风险的措施，从而当企业面临风险的时候，能够有效地应对。

第三，控制偿还债务的金额，将债务金额控制在合理的范围内。企业需要有能够偿还债务的能力，需要将获取的利润与偿还的债务比例有效地平衡起来，因此需要有效地控制债务给企业带来的风险，以及降低债务风险带来的损失。为了能够避免这一风险，企业需要将债务的比例降低到合理的范围内。在风险控制的过程中，企业需要合理地调整资金结构，提升企业的技术研发能力，以及产品市场占有率，提升技术转化能力，研发出市场接受程度较高的产品，从而提升企业盈利能力，将债务比例降低。若企业经营上有困难，技术产品的市场接受程度较低，资金流动有问题，那么企业债务偿还能力会出现问题，同时融资也会出现问题。

第四，企业需根据自己的实际状况，拟定债务偿还的规划。科技型中小企业需要根据自己所具有的资金情况，适度地偿还债务。科技型中小企业在经营的初期，需要根据自己的实际资金状况，以及市场的大环境，拟定偿还债务的计划。如果企业在经营的过程中，依靠债务来提升经营的速度，那么企业管理上需要提升，并且还需要提升资金的周转速度，从而降低债务资金的比例，提升生产效率，加强生产销售的能力，提升销售收款的金额，从而降低企业经营的风险。企业经营中，债务的比例需要有所控制，债务的比例控制在 1∶1 的程度上，而流动资金的比例需要保持在 2∶1 的数据上。企业在经营的过程中，需要关注市场利率状况。若市场利率水平较高，那么需要对融资做出合理的控制，减少融资水平。而利率有所降低的过渡时期，也应控制融资的比例。在利率较低的情况下进行筹资能够占据最佳优势，在利率变化的过程中，由较低的利率逐渐转换为较高的利率时，企业应抓住机会，准备筹集长期资金，并采取固定利率的统计形式，从而减少企业的负债利息。然后，根据企业的运营状况选择科学的资本构造，适当分配主权资金和筹集资金的比率，减少资金投入力度，换句话说就是科学地采用筹资组合。在科技型中小型企业的资本结构中，科学地维持短期变现能力和长期偿债能力，能够在市场上大幅度地提升企业的核心竞争力，以及对抗资金风险的能力。改善科技型中小企业的资金结构，最主要因素就是灵活地监管和掌握企业有关资金的负债程度及利率变化等内容，及时掌握企业在运营过程中的偿债能力标准，最终采取科学的资金结构。

2. 种子期和初创期科技型中小企业投资风险应对策略

科技型中小企业在种子期和初创期的投资风险主要由于该类型企业的创新投资存在很多将来的不确定性。科技型中小企业的投资最重要的表现首先是投资环节单一，没有有效的风险分散途径。科技型中小企业由于受自身规模的限制通常只生产和创新一种产品或一种技术，再通过这种单一的产品或技术来占领市场，因此产品结构的单一导致缺乏充足的资金进行创新或通过多元化经营来分散市场风险。其次是所有权和经营权的高度统一，没有行之有效的决策机制。大多数中小企业都是所有权与经营权高度统一，缺乏有效的管理体系，企业的所有权和管理权集中在一个人身上，权力的高度集中导致决策失误的概率增加，所以带来投资风险。同时，在创新驱动背景下大多数科技型中小企业加大创新投资力度时缺乏科学的财务预测，盲目投资、重复投资的现象较为严重。所以科技型中小企业在种子期和初创期制定的投资计划一定要符合国家战略背景和企业实际，要根据该企业自身的发展情况确定一个最佳的投资规模，使企业达到综合平衡。同时，所有投资决策都必须建立在民主、科学、合理的基础之上。因而，建立一个切实可行的技术经济评价制度就显得尤为必要。通常提出的项目首先要进行可行性研究，否则立项时存在风险。科技型中小企业在对项目进行决策之前，应该进行全面的市场调查和可行性分析，并听取专业人士的相关意见，基于调查报告和专家意见做下一步的决策，力求把投资的前期工作做得充分、扎实、可靠。与此同时，在种子期和初创期科技型中小企业还应根据自身的经营水平和市场定位来确定一个投资回报及资金回收期限，以便企业进行投资评估与决策。

3. 种子期和初创期科技型中小企业流动性风险应对策略

科技型中小企业在种子期和初创期的流动性风险主要体现为营运资金风险，营运资金风险的特点首先就是周转时间短，所以营运资金风险可以通过短期融资方式来解决。其次是存货、应收账款、短期内有价证券变现情况等非现金形态的营运资金对于企业即将面临的临时性的金融需求具有一定的作用。再次是数量具有极大的变化性。企业的流动资金和流动负债两方面会因周围环境的变化而改变，这种改变对资金数目的增减影响较大。最后是多种途径的资金来源。企业在运作过程中，对于资金的需求可以通过长期融资的方法来解决，也可通过短期融资方式解决。主要的短期融资方式有银行短期借款、短期融资、商业信用、应收账款贴现及票据贴现等多种方式。资金运营风险的应对就是要加强对流动资产和流动负债的管理；就是提升流动资产比如现金、存货及应收账款的流通率，减少资金占用率，降低资金占用成本；就是利用商业信用，解决资金短期周转困难，同时在适当的时候向银行借款，利用财务杠杆，提高权益资本报酬率。大多数科技型中小企业为了增加企业的盈利性，通过信用销售等赊销的形式来扩大市场占有率，但是由于赊销的同时必然带来应收账款数额的增多，如果不能及时催收货款，容易出现坏账增加的情况，同时也会因坏账准备的计提而导致费用的增加。因此，科技型中小企业应该加强对流动资产的管理和控制，对客户进行定期的信用评价，制定还款期限，加强应收账款管理，减少坏账出现的概率，从而提高科技型中小企业的资金流动性。

## 二、成长期财务风险应对

在创新驱动背景下处于成长期的科技型中小企业迅速并稳步成长，面临财务风险的种类开始增多。

### （一）成长期的特征

在科技型中小企业进入成长期后，将会面临两个阶段的发展：快速成长和平稳成长。在快速成长的过程中，企业能够从整体上发展出独立的商品种类，商品在市场中的占有率也在逐渐提升，同时竞争力也得到了快速的发展，这一时期企业的业绩有了大幅度的提升。在快速成长阶段过后，市场中同行业者逐渐增多，竞争压力日益增大，企业发展进入平稳成长的阶段。在平稳成长的过程中，科技型中小企业本身已经发展出了较为成熟的运营体系，是向未来成熟阶段发展的必经之路。在这一时期，科技型中小企业在市场中的发展已经有了较为科学、清晰的定位，为了保证企业能够以平稳的速度发展，就必须寻找新的业务范畴和利润提升的机会。企业中的管理人员和财务人员在风险管理过程中，具备较强的掌控能力，分权管理的形式也逐渐成熟，越来越多的专业人员进入科技型中小企业。企业在成长阶段的主要任务就是在复杂的市场环境下，寻找到多种多样的业务开展方式，与此同时，深入地提高群众对企业推行商品的关注度，企业在此基础上扩大宣传范围和生产种类。在这一过程中，科技型中小企业既需要丰富的资金支持宣传，包括互联网模式和市场环境宣传；也需要丰富的资金来源支持大量的创新活动，所以，与科技型中小企业创业初期相比，成长期需要大量的资金支持。当企业一旦步入成长阶段，系统的管理措施已经逐渐完善，同时企业的信用信息和财务信息也已经生成，但是发展机制还没有形成规模，因此相关信息的质量不高。除此之外，在经营过程中，对于相关专业技术的保密程度及信息披露系统的不完善，也让投资者在获取信息的途中投入了大量的资金。所以，处于成长期的科技型中小企业财务风险主要体现为经营风险、投资风险、筹资风险、流动性风险和存货风险。

### （二）成长期科技型中小企业的财务特征

成长期的科技型中小企业的财务主要包含三个特征：

第一，企业筹备资金的能力较强，具有多种多样的融资途径。科技型中小企业在进入成长期后，将面临多种多样的内外部条件变化：专业技术不断提升、产品销售量逐渐增多、客户平稳度提升、生产数量增多、成本投入减少、风险率降低。在这种情况下，对资金的需求就有了大幅度的提升，能够通过银行等系统，将其作为媒介与其他行业进行融资，还可以通过股票和债券的形式获取资金。

第二，通常情况下采用较为积极的财务政策。科技型中小企业从初始阶段发展到成长阶段，管理者已经体会到了成功的喜悦，因此更加趋向于拓展规模，更具备冒险精神，通常采取较为积极的财务政策。经过提升负债率，从而改善财务问题，满足企业在发展过程中所遇到的资金需求；在运营模式中，选择利润较大的用户群、拓展销售等形式，如降低信用约束、提升售后问题、改良商品等；利润的合理分配要求选择较少的现金和比例较高的配股、送股，提升企业利润收入的存留率，积累较高的资金，快速拓宽产业规模。

第三，企业管理者分权财务管理模式趋于完善。随着企业的不断发展和扩大，科技型中小企业的整体构造，也由原始的简单形式发展成为较为复杂的管理模式。由创业者独自掌握企业内部财务管理的方式，不再能科学地适应现代社会环境的发展规则。内部的管理制度，在不断成熟的过程中，对于其下属的公司采用分权管理和财务管理，创业者也采用了将权力分散给其他有能力的专业人员进行管理的模式；而创业者主要对于科技型中小企业在未来发展的具体方向、主要方法、经营范畴、财务事件等进行管理，经营者作为创业者的指令实施者，主要负责对具体工作展开策划、分配、监督的行为，科技型中小企业的创业者和经营者具备各自不同的权力。

### （三）成长期科技型中小企业的财务风险应对策略

处于成长期的科技型中小企业在创新驱动背景下的财务风险主要有经营风险、投资风险、筹资风险、流动性风险和存货风险。

1. 成长期科技型中小企业筹资风险应对策略

企业步入成长阶段后,科技型中小企业未来发展的重点成为了如何拓展营销。在保障企业现有业务的基础上平稳提升,与此同时,深入地扩张企业在市场中的占有量,提升市场竞争能力。企业在成长阶段中,由于拓展业务和提升技术的需求,科技型中小企业会遇到前所未有的资金投入问题,包括企业内部资金投入生产问题,企业外部市场环境中宣传、营销等资金投入问题。所以,在成长阶段,尽量避免不科学的筹集债务资金或者是背负大量债务资金展开市场经营。处于成长阶段的科技型中小企业在规划、部署发展策略时,应注重市场竞争能力的提升,在市场中,保证具备强有力的竞争模式,运用多种方法防止市场中其他企业模仿自身产品的现象发生。与此同时,也要做好前期的资金预算与规划工作。在选取外部金融投资的过程中要站在项目本身的立场上进行研究,与自身的经验相结合,最终预算出外部资金的需求量;也可以使用报表的形式进行整体研究,这样能够让数据更加精准、清晰。精准的前期预算能有效地避免科技型中小企业在投资过程中面临的风险。财务工作人员根据企业在短时间内的运营情况及未来的发展模式进行科学的资金规划,预算出企业本身的财务需求量,然后合理分配企业的筹资规划内容,估算出可能筹集到的数目,不仅如此,还可以推算出筹集到的资金能否满足企业的需要,在此基础上合理分配企业的生产和经营。这就将企业的财务与生产有机结合,避免了两者分开管理造成的资金问题,减少了企业的潜在风险。在计划具体的财务工作中,科技型中小企业能够根据现阶段该行业在市场条件下的真实情况及国内整体的经济情况和发展战略,保证企业本身的负债率在科学的范围内,根据金融要求规划相关的资金。科学安排企业筹集资金的时机,使企业的运营得以顺利开展,并对企业内部的资金进行调整,提升资金的使用效率,避免因拖欠债务而让企业面临新的金融危机的现象发生。

2. 成长期科技型中小企业投资风险应对策略

处于成长期的科技型中小企业在做好前期的投资规划的同时,应当健全和完善企业的投资管理体制,投资规划应建立在对创新驱动发展战略的充分了解与市场预测的基础之上,根据企业发展的状况,采用现代化的管理模式设计出详细的发展规划。因此,企业还应该科学地选取自身素质较强、工作效率较高的工作人员,用来提升企业的队伍组建,并且将未来的发展工作融入日常的会议讨论,引发企业管理者的关注。科技型中小企业在资金投入管理措施方面，必须根据我国有关部门提出的法律法规作为依据来实施，采用集中管理的形式。最佳的投资方式是成立单独的专业投资公司，根据企业的真实情况将预算、设计、规划等一系列内容规划到公司的经营范畴中。以此更好地做好企业在资金投资方面的预算、评估等工作，使得投资计划具备严肃性。同时，科技型中小企业还应该扩大财务部门工作人员的队伍建设，加强对专业技术的监管。目前，许多企业的财务工作人员需求不足，素质较低，因此造成了实施单位以次充好的现象。所以，企业必须强化对重要工作人员的培训工作，同时提升对内部员工的政治教育，紧抓监督、掌管工作。每年企业内部必须对当年的经营项目进行审计。在投资决算前，工作人员必须展开进一步的调查，严格审核账面信息，必要的时候可以邀请内部人员进行监督。有关决算结果，必须在双方单位公开宣布，请公司内部的工作人员起到监督的作用，进而提高投资决算的透明度。除此之外，在工作的过程中，做好权力分配工作，让每一位专业技术人员在各自的工作岗位上认真负责，并且按职责追究个人责任。在奖励方面，对于在工作过程中为企业有突出贡献的工作人员，应根据实际情况给予一定的奖励。

3. 成长期科技型中小企业经营风险应对策略

处于成长期的科技型中小企业经营风险是指由于科技型中小企业决策者无法对逐渐成长起来的内外部环境完全认知而导致企业经营活动无法达到预期甚至影响企业成长的可能性。现金流紧张是造成科技型中小企业经营风险的主要因素之一，由于在创新驱动发展战略背景下，国家更加鼓励企业创新，这就加大了企业创新投入和技术开发的力度，资金需求旺盛。除此之外，科技型中小企业由于刚刚成长起来，内部控制相对较弱，在生产和技术开发过程中无法对各个要素资源进行合理分配，利用率低下，在现金管理方面由于缺乏制度保障，存在现金随意支取甚至偷盗等现象，增加了企业的经营风险。所以成长期科技型中小企业经营风险的应对策略包括以下几点：首先，要加强防范。对于一些无法避免的运营风险，企业可以选择采用积极的预防手段，将损失降到最低。例如，为了减少赊销中的坏账风险，可以通过提升对赊账用户的管理，通过用户信用调查，对相关账目进行分析，创建赊销责任制度等。其次，采用大数法则，扩大承担风险用户的数量，从而减少风险的发生比例。例如，为了减少企业在长期投资中所承担的风险，可以运用合作或股份制的形式筹集资金；为了减少证券投资的潜在风险，可以运用多种多样的组合形式等。或者，对以上两个对策难以适用的经营风险，科技型中小企业只能选择风险自留。在财务会计的实务中，主要表现为应收账款的坏账损失、应及时回收资金的票据遭到对方拒付时、银行索兑与罚款、生产商品出现质量问题，用户要求理赔、退货、合作企业所承担的风险、经济纠纷、已采用组合，加强防范对策后仍可能发生损失的投资风险、营销风险等。

4. 成长期科技型中小企业流动性风险应对策略

处于成长期的科技型中小企业首先在管理思想上要强化认识，要对流动性风险因素具备充足的掌控，从而在决策时将其划入其中，整体上进行监督和管理，最终制定出科学的管理措施。其次，向国外先进的管理模式学习。尽管科技型中小企业对流动性风险的防范有一定的预防措施，但是并未引起企业的广泛关注，这就需要科技型中小企业充分意识到流动性风险的关键性作用，提高预防和风险管理能力。与此同时，还要积极健全流动性风险的管理模式。企业在对流动性风险的管理过程中，应该积极向国外的先进手段进行学习和借鉴，创建完整的流动性风险评估系统，从而提高企业对于风险的辨识和掌控能力，从整体上科学地避免和掌控流动性风险。最后，必须创建风险监控系统。一是组建流动性日常监督管理系统。由于科技型中小企业对于流动性风险的预防意识较低，造成了企业不能及时预测到发展中的潜在性风险，在遇到风险时不能及时解决。所以，应提升企业日常的监管风险能力，经过流动性指标的检测，预算到风险的产生。二是创建风险预警系统。根据企业运营的真实状况，采用合理的运算方式，对流动性风险进行监测。在发生风险时，能够及时发现并给予科学的应对措施，减少企业资金损失。

5. 成长期科技型中小企业存货风险应对策略

在管理的过程中，有关风险的导向性监测系统并没有在存货体系中得到体现。首先，现阶段一些科技型中小企业为了节省人力雇佣成本出现职位混杂的情况，许多不相容的岗位没有得到及时的单独管理，从而导致企业内部经常出现徇私舞弊的现象。例如，销售岗位的工作人员擅自挪用企业销售资金、管理岗位的工作人员擅自拿走企业存货等现象。其次，对于库存货物的潜在风险检测系统也不够完善，没有对供应商创建系统的信用数据库，因此出现了采购价格较低的商品，但质量较差的现象，从而影响了企业的生产质量和市场信誉，提高了资金的投入，如产品的回购、售后等质量较差的现象影响了企业的生产质量和市场信誉。但大部分的科技型中小企业不同于制造型企业和销售型企业，科技型中小企业的存货一般较少，有时存货甚至和企业的盈利没有关系，所以存货风险只存在于一部分企业中。

## 三、成熟期财务风险应对

在创新驱动背景下处在成熟期的科技型中小企业在生产和销售方面都发展到巅峰，基于创新驱动发展战略为科技型中小企业提供的平台，企业必须保持强劲的发展势头，进一步创新。

### （一）成熟期的特征

成熟期是企业在生产和经营过程中，经历前期的发展阶段，最终形成较好的市场现状，具备良好的市场信誉、市场储备量、利润收益平稳。在这一阶段科技型中小企业最关键的任务就是保证发展的良好现状，主要工作是企业内部管理方式的改革。生产规模在处于最大化及管理方式的大幅度改革的情况下，都使得企业需要更多的资金投入，在成熟阶段的企业，其内部的信息系统和披露机制已经发展成熟，实现了企业内部各方面信息的健全管理。所以，处于成熟期的科技型中小企业财务风险主要体现为经营风险、投资风险、流动性风险、资金营运风险和存货风险，但风险等级都相对较低。

### （二）成熟期科技型中小企业的财务特征

成熟期企业的财务特征，主要包括以下几点：

（1）财务情况平稳。成熟时期的科技型中小企业在生产技术和管理方面都已经发展得较为完善，在市场中的占有量也较为平稳，企业的利润收入波动较小、资金周转顺畅、产业构造合理、财务状态稳定。

（2）采用较为平稳的财务政策。成熟时期的科技型中小企业各方面机制都已经完善。但是，依然存在着潜在的风险。如市场萎缩、行业萧条等现象。因此，在成熟时期的企业依然存在着一定的风险。为了随时掌握风险的具体情况，企业通常会选取较为稳健的资本结构政策，在投资时选取较为稳定的项目；股东的利润分配通常以现金的形式，并且保证平稳的支付率。

（3）职业经理层管理方式的组建。因为市场进入者的数量逐渐提升，产品的利率日益降低，科技型中小企业在这种情况下，通常选取技术转让、拓展海外业务、扩建分公司等产业拓展模式来应对。这种跨国际的产业拓展模式，通常具备较高的风险。主要包括：市场、利率、政治、信用等方面。越来越复杂的业务，也给企业的经营者和管理者增添了一定的难度，必须要求职业经理人采取科学的管理模式。对于这种复杂的生产环境和经营环境，逐渐形成了以财务治理为主的管理形式。

### （三）成熟期科技型中小企业的财务风险应对策略

这一阶段的科技型中小企业在市场竞争环境下，很难保持原有的发展优势。主要原因是在这种情况下，消费者已经对产品有了较为深刻的了解，在技术的革新问题上较为困难，这就直接导致了市场产品差异化较小的现象。这一时期的科技型中小企业财务风险相对不明显，经营风险、投资风险、筹资风险、流动性风险和存货风险都相对较低，这时，为了取得风险溢价可以提高有关的债务率。也就是在现有的资本结构上进行改革，减少投入的资金，从筹资的立场上获得利润。

## 四、衰退期财务风险应对

在创新驱动背景下处在衰退期的科技型中小企业仍然需要不断创新来寻找二次创业的机会，否则企业的财务状况会不断恶化。

### （一）衰退期的特征

衰退期作为成熟期过后逐渐衰弱的阶段，企业的生产和销售及盈利情况都在逐渐下降。这一时期企业最主要的任务就是尽量降低企业衰退的速度，寻找时机。主要工作是技术改革和管理改革。生产规模的不断降低及管理体系的缩减，都使科技型中小企业在这一时期对于资金的要求降低了，这一时期的企业为了维持自身在市场中的良好形象，对于披露出的信息会有进一步的监管。总而言之，这一时期企业的总体特征是：信息传播的资金投入较低、传播方法较多，但质量降低。因此，这一时期的企业财务风险主要体现为筹资风险和流动性风险。

### （二）衰退期科技型中小企业的财务特征

具体特征主要表现为：

（1）企业盈利能力下降，财务状况趋于恶化。这一时期企业面临着商品供大于求的现象，在这种情况下，企业通常会选择降低销售价格和放宽信用的方式。降低销售价格，最终导致企业的利润收入降低；放宽信用，最终导致企业应收款项的提升，坏账率提高。此时，企业股票持续下跌，通过股票和债券的形式筹资能力降低。最终导致企业的财务情况急剧恶化。

（2）资产、业务重组，企业被接管或兼并。这一时期科技型中小企业通过资金重建、缩减业务，或者以被其他企业管理和兼并的方式进行缓解，或者是成为另一种产业构造。受到各方面的压力，企业的管理者必须及时进行分析，找到缓解恶化现象的方法，采取科学的应对措施是最佳的解决方法。

### （三）衰退期科技型中小企业的财务风险应对策略

处于衰退期的科技型中小企业在创新驱动背景下的财务风险主要有筹资风险和流动性风险。

1. 衰退期科技型中小企业筹资风险应对策略

科技型中小企业从成熟向衰退的过渡，是企业竞争加剧造成的现象。主要包含：市场中类似商品的出现、购买者的心理变化、产品类别及构造的改变等因素。在这一时期企业也可以借助于恰当的战略决策取得市场中的优势地位，并且为企业带来丰厚的利润。针对这一时期科技型中小企业面临的筹资风险，可以通过多种多样的形式组成企业新的利润点，使企业在最短的时间内恢复到成长期，或者是撤回全部资金。在这时，企业必须慎重选择筹资战略，选取弹性较大的筹资项目。

2. 衰退期科技型中小企业流动性风险应对策略

处于衰退期的科技型中小企业应组建风险管理信息体系。经过先进的技术方法，随时取得风险的各项信息，方便工作人员对其进行研究，经过系统的评估，最终得出解决方案。风险管理信息体系的主要功能是搜寻各种流动性风险，对其进行管理和研究，最终为风险决策提供理论依据。体系主要包含以下三个方面：①收集数据。经过先进的技术方法，对取得的信息进行整理，特别是信息更替速度较快的经济信息。②处理数据。对系统收集到的信息进行集中处理，随时为各部门反映所收集到的数据信息。
③传递信息。首先，随时将分析后的数据与风险决策部门进行研究，其次，
应组建风险管理团队。由于风险的组成因素中内部工作人员的综合素质存
在较大的问题。所以，科技型中小企业应依据真实状况，组建具有较高的
判断能力、研究能力、科技能力的专业人才团队，最终目标是能够在最快
的时间里解决企业面临的风险，并强化对团队的培训，将其培养成为稳定
的检测管理系统，形成竞争模式。

# 小　结

　　本章基于前三章构建的理论框架，第四章对创新驱动背景下科技型中
小企业财务风险的分析，第五、第六、第七章对财务风险的识别与评价和
案例分析，分阶段提出创新驱动背景下科技型中小企业财务风险的应对策
略。基于前文对样本公司的实证研究及种子期和初创期的财务特征，提出
筹资风险、投资风险和流动性风险的应对策略；基于成长期的财务特征，
提出经营风险、投资风险、筹资风险、流动性风险和存货风险的应对策略；
基于成熟期的财务特征，提出财务风险应对策略；基于衰退期的财务特征，
提出筹资风险和流动性风险的应对策略。

# 第九章　结论与展望

创新驱动发展战略的提出为下一阶段中国经济转型发展指明了前进的方向。作为经济发展方式的新动力，以创新驱动作为发展战略是现阶段我国发展社会生产力与国民经济的重要原则性战略，我国应在各个方面努力贯彻实施这一伟大战略，以创新推动社会生产力与国民经济发展，力求在2020年构建创新型的社会主义现代化国家。对于发展我国的国民经济而言，创新的关键要素在于培育具有创新能力的主体，培养我国的企业形成自主的创新机制，因而怎样发展企业的科技创新能力，大力促进创新型、科技型企业在发展国民经济中应当起到的重要作用，就成为我国现阶段社会主义建设工作的关键性问题。因此，科技型中小企业的发展建设是创新驱动发展战略实施的关键，也是重要的载体，该类型企业同时肩负着实现创新型国家建设的重任。然而在创新驱动的背景下，科技型中小企业面临着各类风险，它们类型众多且无处不在。因而，科技型中小企业有必要对风险尤其是财务风险进行管理和控制。通过研究，本书得出如下结论：

（1）创新驱动背景下科技型中小企业的财务风险与非创新驱动背景下科技型中小企业的财务风险之间存在本质区别。其一，从创新驱动视角研究科技型中小企业发展具有必然性；其二，创新驱动具有普适性，从创新驱动视角研究科技型中小企业发展具有可行性，而且创新驱动发展战略比较适合科技型中小企业的规模和特点。由于科技型中小企业具有高创新、高风险和高成长的特点，该类型企业与其他企业相比表现出突出的创新性。尤其是在创新驱动背景下，高创新又呈现高投入和高收益等特征，它对于资金的需求经常呈现几何级数增长，资金需求持续性强、频率高，这就造成科技型中小企业更易受到财务风险的威胁。所以，在创新驱动发展战略背景下，科技型中小企业作为重要载体必然会加大技术创新投资力度，同时伴随产品创新、服务创新，以及制度创新这样的非技术创新投入。因此，科技型中小企业在创新驱动背景下的流动性风险、投资风险、筹资风险尤为显著。

（2）适时地响应创新驱动发展战略可以有效地降低财务风险。借助国家创新驱动发展战略的平台，部分科技型中小企业选择转型发展，如本书根据科技型中小企业定义选取的八家样本企业中的大晟文化，由于创新驱动背景下文化创意产业步入了跨越式发展的新阶段，作为国家的战略性产业，文化产业是构建现代产业体系的核心环节，也是推动我国加快转变经济增长的重要方式。在国家政策的引导和支持下，该公司紧抓我国影视文化产业升级面临的良好发展机遇，实施产业链战略布局，成功改善公司的财务困境，实现利润由负到正的增长，从根本上降低了企业的财务风险。所以，适时地响应创新驱动发展战略可以有效降低财务风险。

（3）科技型中小企业发展的路径符合企业生命周期理论，具有孕育、成长、成熟直到衰退的发展过程，但由于科技型中小企业具有高科技含量、强创新能力、高风险和高收益等特点，它们在生命周期的不同阶段具有和其他企业不同的特征。在企业生命周期的不同阶段，经营活动、投资活动和筹资活动对现金流的影响存在较大差异，所以四个阶段的财务风险各不相同，本书对各个阶段的财务风险进行了深入研究并选取八家符合科技型中小企业定义且积极响应国家创新驱动发展战略的样本公司进行实证研究和案例分析，找出各个阶段的财务风险并给出应对策略。

本书将财务风险问题引入科技型中小企业，并试图探索在创新驱动背景下科技型中小企业财务风险决策的问题，书中所涉及的研究领域较多。囿于笔者学术水平、时间、精力及数据等方面的限制，书中在研究方法上还存在很多局限，在研究内容上还存在很多值得商榷的地方，主要表现在如下三个方面：

（1）创新驱动通常作为一种外生变量，会对财务风险这一内生变量产生影响，本书将创新驱动发展战略作为一个背景，探究科技型中小企业财务风险决策的问题。然而，由于创新是一个极为宽泛的概念，且创新驱动发展的影响难以定量化，因此，本书基于创新驱动发展战略分析科技型中小企业财务风险问题存在一定的局限性，且对创新驱动背景下科技型中小企业财务风险的分析不够深入，这是今后笔者期望予以研究的重要领域。

（2）本书对科技型中小企业财务风险的界定和分析有别于传统公司的界定。本书以企业生命周期理论为基础，识别和度量阶段性的财务风险，这一界定和分析尽管有别于以往根据行业或规模来界定的财务风险，但受制于笔者归纳总结能力的限制，将创新驱动背景下科技型中小企业财务风险分为四个阶段生命周期中的六类还有待进一步完善，这也是笔者在今后研究的重要立足点。

（3）数据样本需要进一步充实和完善。本书以中小科技型上市公司为样本，分析了创新驱动背景下科技型中小企业财务风险。尽管样本企业满足我国科技型中小企业划型标准，但它们仅是我国科技型中小企业中的少数，不能完全代表数量极为庞大的科技型中小企业总体。因此，笔者将在下一步的研究中，通过实地走访、问卷调查等方式，丰富科技型中小企业的研究样本，并期望通过案例研究来丰富科技型中小企业财务风险的内容，以弥补本书在这方面研究的不足。

# 参考文献

［1］ Acs, J. A comparison of models for strategic planning, risk analysis and risk management ［J］. Theory and Decision, 1985, 19（3）: 205-248.

［2］ Adizes, I. How to gain & maintain a prime condition ［J］. Leadership Excellence, 1989（2）.

［3］ Alexander, G. J. 投资学基础（第3版）［M］. 北京: 电子工业出版社, 2011.

［4］ Andrews, K. The concept of corporate strategy ［M］. Homewood, IL: Irwin, 1971.

［5］ Baeeara, M., Razin, R. Bargaining over new ideas: The distribution of rents and the stability of innovative firms ［J］. Journal of the European Economic Association, 2007, 5（6）: 1095-1129.

［6］ Basis. Business awareness on sustainable innovation strategy ［EB/OL］. http: //www. inknowvate. com /inknowvate/sustainable innovation. htm, 2004.

［7］ Best, M. The new competitive advantage: The renewal of American industry ［J］. Oup Catalogue, 2001, 34（6）: 1137-1138.

［8］ Betties, R. A., Thomas, H. Risk, strategy management ［M］. Greenwich: JAI Press, 1990.

［9］ Boer, H., Kuhn, J., Gertsen, F. Continuous innovation: Managing dualities through coordination ［J］. CINet Working Paper Series, 2006（1）: 1-15.

［10］ Bourgeois, L. J. Strategic goals, perceived uncertainty, and economic performance in volatile environments ［J］. Academy of Management Journal, 1985, 28（3）: 548-573.

［11］ Budd, J. L. Characterizing risk from the strategic management perspective dissertation ［M］. Kate State : Kate State University, 1994: 34-35.

［12］ Buengor, V., Daoft, R. L., Conlon, E. J., et al. Competing values in organizations: Contextual influences and structural consequences ［J］. Organization Science, 1996, 7 (5): 557-576.

［13］ Cummins, J. D. Risk management and the theory of the firm ［J］. The Journal of Risk and Insurance, 2001, 43 (4): 587-609.

［14］ Camelo-Ordaz C., Fernandez-Alles, M. D., Valle-Cabrera R. Top management team's vision and human resources management practices in innovative Spanish companies ［J］. International Journal of Human Resource Management, 2008, 19 (4): 620-638.

［15］ Carte N. Managing the start up company ［J］. Management News, 1993 (16): 35-42.

［16］ Chatterjee, S., Lubatkin, M., Lyon, E. M., et al. Toward a strategic theory of risk premium: Moving beyond CAPM ［J］. Academy of Management Review, 1999, 24 (3): 556-557.

［17］ Christopher, J., Varms, S. Strategic risk management the new competitive edge ［J］. Long Range Planning, 1994 (4): 414-424.

［18］ Coasts, P., Fant, L. F. Recognizing financial and distress patterns using a neural network tool ［J］. Financial Management, 1993, 22 (3): 142-155.

［19］ Coyne, W. E. How 3M innovative for long-term growth ［J］. Research Technology Management, 2001, 44 (2).

［20］ Das, T. K., Teng, B. S. Managing risk in strategic alliance ［J］. Academy of Management Executive, 1999, 13 (4): 50-62.

［21］ Don Knight. The relationship of team goals, incentives, and efficacy to strategic risk, tactical implementation, and performance ［J］. Academy of Management Journal, 2001, 44 (2): 320-338.

［22］ Drucker, P. Management: Tasks, responsibilities, practices ［M］. New York: Harper & Row, 1973.

［23］ Esler, D., Trust, K. A., Ballachey, B. E., et al. Cytochrome P4501A biomarker indication of oil exposure in harlequin ducks up to 20 years after the exxon valdez oil spill ［J］. Environmental Toxicology and Chemistry, 2010 (5).

[24] Fitzpatrick. A comparison of ratios of successful industrial enterprises with those of failed firms [J]. Certified Public Accountant, 1932, 6: 589-605, 656-662, 727-731.

[25] Freeman C. The economics of industrial innovation (2nd edition) [M]. London: Francis Pinter, 1982.

[26] Galbraith, J. The stages of growth [J]. Journal of Business Strategy, 1982 (2): 70-29.

[27] Gonzalo Guillen, Madam Badell. A holistic framework for short-term supply chain management intergrading production and corporate financial planning [J]. Production Economics, 2006 (2): 25-27.

[28] Greiner, L. E. Evolution and revolution as organizations grow [J]. Harvard Business Review, 1989, 76 (3): 373-387.

[29] Haire, Mason. Modern Organization Theory [M]. New York: John Wiley & Sons, Inc., 1959.

[30] Hanks, S. H., Watson, C. J., Jansen, E., et al. Tightening the life-cycle construct: A taxonomic study of growth stage configurations in high-technology organizations [J]. Entrepreneurship Theory and Practice, 1994, 18 (2): 5-30.

[31] Hanson, S. G. 公司异质性和信用风险的多元化 [M]. 北京: 机械工业出版社, 2008.

[32] Howard, T., David, B. Risk analysis approaches and strategic management [M]. Greewich: JAI Press: 145-161.

[33] James, A., Christiansen. Building the innovative organization: Management systems that encourage innovation [M]. New York: St. Martin's Press, 2000: 357.

[34] Kazanjian, R. K. Relation of dominant problems to stages of growth in technology-based ventures [J]. Academy of Management Journal, 1988: 257-279.

[35] Keogh, W. Total quality management and innovation [J]. Total Quality Management, 1997, 8 (2): 202-207.

[36] Lane, W. R., Looney, S. W., Wansely, J. W. An application of the COX proportional hazards model to bank failure [J]. Journal of Banking and Finance, 1986 (10): 510-533.

［37］Lazonick，W. The theory of the market economy and the social foundations of innovative enterprise ［J］. Industrial and Corporate Change，2007，16 （6）.

［38］Learned，E. P. Business policy：Text and cases ［M］. Homewood：Irwin，1965.

［39］Mahemba，C. Bruijn，E. J. D. Innovation activities by small and medium-sized manufacturing enterprises in Tanzania ［J］. Creativity & Innovation Management，2003，12 （3）：162.

［40］Mark，W.，McElroy . Social innovation capital ［J］. Journal of Intellectual Capital，2002，1 （1）：30-39.

［41］Miles，R. E.，Snow，C. C.，Meyer，A. D.，et al. Organizational strategy，structure，and process ［J］. The Academy of Management Review，1978，3 （3）：546-562.

［42］Pak Tee Ng. The Learning organization and the innovative organization ［J］. Human Systems Management，2004 （23）：93-100.

［43］Porda，R. L.，Lopez-De-Silanes，F.，Shleifer，A. Corporate ownership around the world ［J］. The Journal of Finance，1999，54 （2）：471-517.

［44］Porter，M. E. The competitive advantage of notions ［J］. Harvard Business Review，1990：73-93.

［45］Prahalad，C. K. The core competence of the corporation ［J］. Harvard Business Review，1990 （3）：79-91.

［46］Rodriguesz. Achieving continuous innovation in today's competitive economy ［A］. Renaissance Executive Forum，2003.

［47］Shapiro，S. M. Innovation：A blueprint for surviving and thriving in an age of change ［J］. Acoustics Speech，and Signal Processing Newsletter，2003，20 （6）：588-590.

［48］Tidd，J. From knowledge management to strategic competence ［M］. London：Imperial College Press，2000：199-228.

［49］Whitaker，R. B. The early stages of finanial distress ［J］. Journal of Economics and Finance，1999，23 （2）：123-133.

［50］阿瑟·刘易斯. 二元经济论 ［M］. 北京：北京经济学院出版社，1989：29-33.

[51] 财政部企业司. 企业财务风险管理 [M]. 北京：经济科学出版社，2004.

[52] 曹兴，陈琦，郭然. 高技术企业成长模式重构及实现方式 [J]. 管理学报，2010（4）：570-576.

[53] 陈德棉，杨轶，张玉臣. 风险投资业的发展模型 [J]. 预测，2001（5）：20-23.

[54] 陈红，卫建业. 科技型中小企业：成长特征、影响因素、扶持政策——基于太原高新区科技型中小企业调研的分析 [J]. 中北大学学报（社会科学版），2009（5）：426-430.

[55] 陈曦. 创新驱动发展战略的路径选择 [J]. 经济问题，2013（3）：42-46.

[56] 成思危. 论创新型国家的建设 [J]. 中国软科学，2009（12）：6-19.

[57] 初叶萍，胡艳. 企业并购风险识别及决策支持系统的初步框架设计 [J]. 技术经济与管理研究，2003（5）：50-51.

[58] 创新基金管理中心受理处. 关于科技型中小企业界定标准的研究报告 [EB/OL]. http//www. chinatorch. org. cn/，2013-12.

[59] 邓留保，杨桂元. 风险约束下基于绩效的委托资产管理报酬结构研究 [J]. 统计与决策，2011（1）：71-73.

[60] 杜江. 效用理论浅析及在保险中的应用 [D]. 成都：西南财经大学硕士学位论文，2008.

[61] 傅家骥. 企业技术创新：推动知识经济的基础和关键 [J]. 现代管理科学，1999（5）：4-5.

[62] 高鸿业. 西方经济学与我国经济体制改革 [M]. 北京：中国社会科学出版社，1994：26.

[63] 高莹，商烁，黄小原. 资产组合鲁棒优化模型及应用研究 [J]. 统计与决策，2010（4）：136-143.

[64] 高志，刘素坤. 科技型中小企业成长评价指标体系研究 [J]. 辽宁师范大学学报（社会科学版），2008（11）：47-49.

[65] 葛秋萍，李梅. 我国创新驱动型产业升级政策研究 [J]. 科技进步与对策，2013（16）：102-106.

[66] 郭广银. 以产学研合作推进实施创新驱动战略 [J]. 群众，2011

（6）：17-18.

［67］郭晓婷. 上市公司财务战略管理问题初探［J］. 现代会计，2008（5）：20-21.

［68］国家统计局. 2017年中国统计年鉴［M］. 北京：中国统计出版社，2017.

［69］韩立岩，宋晓东，姚伟龙. 基于改进支持向量机的上市公司财务困境判别研究［J］. 管理评论，2011，23（5）：113-118.

［70］郝松. 中央企业风险管理框架的建立与实施［J］. 经济管理，2007，29（23）：82-84.

［71］何春艳，刘伟. 风险管理研究综述［J］. 经济师，2012（3）：17-19.

［72］何凯浩，谭忠. 主观期望效用模型与实证分析［J］. 厦门大学学报（自然科学版），2004（2）：158-161.

［73］洪银兴. 论创新驱动经济发展战略［J］. 经济学家，2013（1）：5-11.

［74］黄婉婷. 企业财务风险控制研究［J］. 会计之友，2013（23）：23-26.

［75］蒋新，杨乃定. 人力资源管理的风险研究［J］. 软科学，2003（6）：53-55.

［76］兰艳泽. 关于企业财务风险界定的探讨［J］. 理论探讨，1999（8）：14-15.

［77］李东兴. 创新驱动发展战略研究［J］. 中央社会主义学院学报，2013（2）：101-104.

［78］李胜，傅太平. 论企业的全面财务风险管理「J］. 经济与管理，2004，18（6）：86-87.

［79］李业. 企业生命周期的修正模型及思考［J］. 南方经济，2000（2）：43-46.

［80］李颖灏，彭星闾. 基于创新力与控制力动态均衡的企业持续成长路径分析［J］. 科研管理，2007（4）：67-72.

［81］梁涛，欧立雄，黄柯鑫. 基于聚类分析的软件项目风险趋势研究［J］. 信息工程大学学报，2006（1）：47-51.

［82］蔺蕊，包晓宇. 层次分析法在评价会计风险中的应用［J］. 科技

向导，2011（9）：17-18.

[83] 刘恩禄，汤谷良. 关于企业财务风险界定的探讨 [J]. 北京商学院学报，1989（1）：50-54.

[84] 刘继海. 企业技术创新不同阶段的风险管理策略探讨 [J]. 科技管理研究，2006（7）：178-181.

[85] 刘杰. 创新型中小企业财务风险评价研究 [D]. 武汉：武汉理工大学硕士学位论文，2013.

[86] 刘莉，王成. 科技型中小企业成长环境及其成长性的实证研究——以深圳企业为例 [J]. 科技管理研究，2009（5）：318-322.

[87] 刘文琦，毛一峰. 企业财务风险的识别方法研究 [J]. 企业经济，2011（1）：348-349.

[88] 吕宝金. 论企业财务风险评价体系 [J]. 财会学习，2017（1）：59.

[89] 罗晓光，刘飞虎. 基于功效系数法的商业银行财务风险评价研究 [J]. 科技与管理，2012（5）：94-98.

[90] 骆安琪. 我国房地产企业财务风险评估 [D]. 南昌：华东交通大学硕士学位论文，2016.

[91] 马池顺. 创新资源视角下的创新型城市成长研究 [D]. 武汉：武汉理工大学博士学位论文，2013.

[92] 马驰，徐永昌，张晶，高昌林. 国内技术创新调查述评 [J]. 中国软科学，1997（3）：41-44.

[93] 迈克尔·波特. 国家竞争优势 [M]. 北京：华夏出版社，2002.

[94] 苗家欣. 上市公司财务风险控制研究 [J]. 企业导报，2015（1）：4-6.

[95] 牛广君. 基于功效系数法的企业财务预警研究 [J]. 财务管理，2012（1）：32-33.

[96] 邵克志，陈子文，张文生. 严防高压输电线路运行事故的发生 [J]. 农村电气化，1995（5）：32.

[97] 盛四辈. 系统论视角下的我国国家创新体系战略群演进研究 [D]. 北京：中国科学技术大学博士学位论文，2012.

[98] 石友蓉. 风险传导机理与风险能量理论 [J]. 武汉理工大学学报（信息与管理工程版），2006（9）：48-51.

[99] 石玉英，乔林，刘亮，胡丹. 现代企业风险管理方法简述 [J]. 科

技与管理，2005（4）：88-90.

[100] 宋光华. 建设创新型企业 [J]. 信阳师范学院学报（哲学社会科学版），2006（6）：72-75.

[101] 孙乐. 财务风险评价体系建设研究 [J]. 商业现代化，2018（12）：137-138.

[102] 孙伟，叶如意. 基于案例推理的平衡计分法在财务预警体系构建应用研究 [J]. 科技与管理，2011，13（2）：32-35.

[103] 谭欣. 科技型中小企业各成长阶段特征及其需求分析 [J]. 经济论坛，2007（9）：84-85.

[104] 汪锋，黄炜俊. 促进我国科技型中小企业成长的对策研究 [J]. 宏观经济研究，2014（11）：20-29.

[105] 汪平. 财务理论 [M]. 北京：经济管理出版社，2003.

[106] 汪应洛等. 培育我国中小企业持续创新能力的策略研究 [J]. 企业活力，2002（5）：26-27.

[107] 王冬梅，胡占，游朝阳. 暴风集团轻资产转型的财务风险评价 [J]. 管理评论，2018，30（7）：245-259.

[108] 王宏达. 基于生态位视角的科技型中小企业成长问题研究 [D]. 天津：天津大学博士学位论文，2007.

[109] 王举颖，汪波，赵全超. 基于BSC-ANP科技型中小企业成长性评价研究 [J]. 科学学研究，2006（8）：581-585.

[110] 王举颖，汪波，赵全超. 基于实物期权的科技型中小企业战略选择与柔性决策研究 [J]. 软科学，2007，21（1）：102-108.

[111] 王凯夫. 基于混合模型嵌套的非线性时间序列预测及其应用研究 [D]. 哈尔滨：哈尔滨工业大学硕士学位论文，2010.

[112] 王立新，高长春. 企业技术创新的过程及创新风险研究 [J]. 哈尔滨工业大学学报（社会科学版），2005（11）：75-79.

[113] 王翔，李东，项保华. 基于BSC的企业整合型战略风险管理系统研究 [J]. 科研管理，2005（9）：79-85.

[114] 王学军，林文兴. 企业怎样选择竞争战略 [N]. 市场报，2001-10-09.

[115] 卫兴华. 创新驱动与转变发展方式 [J]. 经济纵横，2013（7）：1-4.

［116］魏明侠. 基于人工神经网络的企业生存风险识别方法研究［J］. 生产力研究，2003（4）：247-249.

［117］翁君奕，林迎星. 创新激励——驱动知识经济的发展［M］. 北京：经济管理出版社，2003.

［118］巫英，向刚. 企业持续创新过程的重大风险管理机制研究［J］. 科技进步与对策，2013（1）：88-91.

［119］吴国鼎，张会丽. 多元化经营是否降低了企业的财务风险［J］. 中央财经大学学报，2015（9）：94-101.

［120］吴世农，卢贤义. 我国上市公司财务困境的预警模型研究［J］. 经济研究，2001（6）：23-26.

［121］夏冬. 研究述评：企业所有权结构与企业创新的相互联系［J］. 科技进步与对策，2004（12）：32-34.

［122］向刚. 企业持续创新［M］. 北京：科学出版社，2006：13-15，30-31，91-99.

［123］肖东生. 结构方程模型对企业组织创新人因风险的识别［J］. 系统工程，2006（8）：78-82.

［124］谢科范. 企业技术创新的风险管理［J］. 科技进步与对策，1999（4）：56-57.

［125］谢晓国. 江西省发展科技型中小企业战略思考［J］. 企业经济，2004（12）：127-129.

［126］熊霞. 基于功效系数法的超市企业财务危机预警分析［J］. 中国外资，2013（8）：92-94.

［127］许晖，姚力瑞. 企业国际化进程中国际风险变化特征识别研究［J］. 经济经纬，2006（6）：70-73.

［128］严志勇，陈晓剑，吴开亚. 高技术小企业技术创业模式及其识别方式［J］. 科研管理，2003（4）：24-28.

［129］杨华江，席酉民. 集团公司风险管理模型探讨［J］. 中国软科学，2002（8）：61-66.

［130］杨松令. 中小企业会计管理问题研究［M］. 北京：中国人民大学出版社，2004.

［131］杨婉君，丁岳维. 基于功效系数法的高速公路企业财务预警系统构建及实证研究［J］. 财务管理，2014（8）：85-87.

[132] 野中郁次郎. 知识创新型企业 [M] //杨开峰等译. 哈佛商业评论精粹译丛：知识管理. 北京：中国人民大学出版社，2004.

[133] 伊查克·爱迪思. 企业生命周期 [M]. 北京：中国社会科学出版社，1997：27-54.

[134] 于维洋. 公司财务风险综合评价及应用研究 [J]. 会计之友，2014（25）：1-4.

[135] 余国全. 科技型中小企业发展的生命周期 [J]. 郑州航空工业管理学院学报，2001（4）：53-57.

[136] 余绪缨. 企业理财学 [M]. 沈阳：辽宁人民出版社，2003.

[137] 袁琳，张伟华. 集团管理控制与财务公司风险管理 [J]. 会计之友，2015（5）：35-41.

[138] 远德玉. 产业技术界说 [J]. 东北大学学报（社会科学版），2000（1）：22-25.

[139] 曾少斌. WX 集团供应链垫资业务风险管理研究 [D]. 广州：广东工业大学硕士学位论文，2013：1-52.

[140] 张爱民. 上市公司财务失败的主成分预警模型及其实证研究 [J]. 金融研究，2001（6）：63-65.

[141] 张保胜. 科技型企业成长特征的个案分析 [J]. 中国科技论坛，2008（7）：59-63.

[142] 张海波，李纪珍，余江，曾路. 创新型企业：概念、特征及其成长 [J]. 技术经济，2013，32（12）：15-20，39.

[143] 张红日. 我国中小企业板块上市公司财务风险预警研究 [J]. 经济师，2009（6）：70-71.

[144] 张津，霍维华. IT 企业战略风险管理研究 [J]. 科学决策，2011（9）：60-81.

[145] 张来武. 论创新驱动发展 [J]. 中国软科学，2013（1）：1-5.

[146] 章卫民，劳剑东，李湛. 科技型中小企业成长阶段分析及划分标准 [J]. 科学学与科学技术管理，2008（2）：43-47.

[147] 赵梅，岳宏志，杨艳. 高技术企业技术创新持续风险管理研究 [J]. 商业研究，2007（8）：33-39.

[148] 赵振智，孙艳玲. 功效系数法在油气钻井公司财务预警中的应用 [J]. 风险管理，2014（11）：115-116.

［149］郑勤朴. 浅谈定量评价企业持续创新能力［J］. 理论与现代化，2001（5）：34-37.

［150］郑琼. 科技型中小企业财务管理创新之我见［J］. 湖北经济科学，2008（7）：82-84.

［151］中华人民共和国科学技术部　科技部　财政部　国家税务总局关于印发《科技型中小企业评价办法》的通知（国科发政〔2017〕115 号）［Z］. 2017.

［152］周寄中，薛刚. 技术创新风险管理的分类与识别［J］. 科学研究，2002（4）：221-224.

［153］周艳菊，邱莞华，王宗润. 供应链风险管理研究进展的综述与分析［J］. 系统工程，2006（3）：1-7.

［154］朱清真，颜晓燕，肖小伟. 财务管理案例教程［M］. 北京：清华大学出版社，2006.

［155］朱少英，凌文辁. 科技型中小企业战略人力资源管理体系构建研究［J］. 金融经济，2009（2）：176-177.

# 附　录

附录 1

2015 年主成分分析的解析表达式：

F1＝0.394＊X1+0.381＊X2+0.370＊X3+0.291＊X4−0.117＊X5+0.108＊X6−0.175＊X7−0.267＊X8+0.173＊X9+0.218＊X10−0.184＊X11

F2＝−0.037＊X1−0.138＊X2−0.096＊X3−0.275＊X4+0.549＊X5+0.543＊X6+0.530＊X7+0.408＊X8+0.142＊X9+0.077＊X10−0.188＊X11

F3＝0.111＊X1+0.177＊X2+0.143＊X3+0.282＊X4+0.092＊X5−0.068＊X6+0.017＊X7 +0.054＊X8+0.673＊X9+0.657＊X10+0.594＊X11

2016 年主成分分析的解析表达式：

F1＝0.136＊X1+0.343＊X2−0.078＊X3+0.320＊X4+0.307＊X5+0.188＊X6+0.262＊X7+0.363＊X8−0.191＊X9+0.354＊X10−0.031＊X11+0.361＊X12+0.364＊X13

F2＝0.608＊X1+0.0999＊X2+0.630＊X3−0.178＊X4−0.163＊X5−0.275＊X6+0.037＊X7+0.038＊X8−0.188＊X9+0.107＊X10−0.199＊X11+0.001＊X12+0.024＊X13

F3＝−0.010＊X1−0.045＊X2+0.001＊X3+0.0180＊X4+0.292＊X5+0.480＊X6−0.231＊X7−0.087＊X8+0.533＊X9+0.142＊X10−0.559＊X11−0.024＊X12+0.057＊X13

## 附录 2

Dependent Varidble:Y
Method:ML-Binary Logit(Quadratic hill climbing)
Date:09/02/18  Time:20:32
Sample:18
Included observations:8
Convergence achieved after 22 iterations
WARNING:Singular covariance-coefficients are not unique
Covariance matrix computed using second derivatives
WARNING: Complete separation detected at estimated parameters(results may not be valid)

| Variable | Coefficient | Std.Error | z-Statistic | Prob |
|---|---|---|---|---|
| C | 1.568381 | NA | NA | NA |
| F1 | 3.37E-06 | NA | NA | NA |
| F2 | -2.64E-05 | NA | NA | NA |
| F3 | -3.78E-05 | NA | NA | NA |
| F4 | -5.44E-05 | NA | NA | NA |

| | | | |
|---|---|---|---|
| Mcf adden R-squared | 1.000000 | Mean dependent var | 0.250000 |
| S.D.dependent var | 0.462910 | S.E.of regression | 1.64E-17 |
| AKaike info criterion | 1.250000 | Sum squared resid | 8.02E-34 |
| Schwarz criterion | 1.299651 | Log likelihood | 0.000000 |
| Hannan-Quinn criter. | 0.915124 | Deviance | 0.000000 |
| Restr.deviance | 8.997362 | Restr.log likelihood | -4.498681 |
| LR statistic | 8.997362 | Avg.log likelihood | 0.000000 |
| Prob(LR statistic) | 0.061165 | | |

| | | | |
|---|---|---|---|
| Obs with Dep=0 | 6 | Total obs | 8 |
| Obs with Dep=1 | 2 | | |

附图 2-1  二元 Logit 回归的输出结果

Expectation-Prediction Evaluation for Binary Specification
Equation: UNTITLED
Date: 09/02/18  Time: 21:32
Success cutoff: C = 0.75

|  | Estimated Equatio | | | Constant Probability | | |
|---|---|---|---|---|---|---|
|  | Dep=0 | Dep=1 | Total | Dep=0 | Dep=1 | Total |
| P(Dep=1)<=... | 6 | 0 | 6 | 6 | 2 | 8 |
| P(Dep=1)>C | 0 | 2 | 2 | 0 | 0 | 0 |
| Total | 6 | 2 | 8 | 6 | 2 | 8 |
| Correct | 6 | 2 | 8 | 6 | 0 | 6 |
| % Correct | 100.00 | 100.00 | 100.00 | 100.00 | 0.00 | 75.00 |
| % Incorrect | 0.00 | 0.00 | 0.00 | 0.00 | 100.00 | 25.00 |
| Total Gain* | 0.00 | 100.00 | 25.00 |  |  |  |
| Percent Gain... | NA | 100.00 | 100.00 |  |  |  |

附图 2-2　截断值为 0.75 时的期望——预测表检验